Rolf Schneider

Frühling im Herbst

Notizen vom Untergang der DDR

Steidl

1. Auflage Januar 1991

Inhalt

Statt eines Vorworts

Womit anfangen?

Vielleicht ist ein mögliches Datum der 9. November 1988. An diesem Tag wurde der fünfzigsten Wiederkehr jener antisemitischen Ausschreitungen gedacht, die in Zeitgeschichtsbüchern unter dem vergleichsweise harmlosen Namen Reichskristallnacht verzeichnet sind. Der Tag war zugleich einer aus der Friedensdekade, den die evangelischen Kirchen in der DDR veranstalteten, in diesem wie in früheren Jahren, als Manifestation jenes radikalen Pazifismus, der sich seit Beginn der achtziger Jahre, unter der alttestamentarischen Aufforderung, man solle Schwerter zu Pflugscharen schmieden, im Schutze des DDR-Protestantismus herangebildet hatte und der sich weder durch polizeiliche und juristische Verfolgungen noch durch staatliche Ignoranz hatte beseitigen lassen.

Ich selbst war in der pazifistischen Bewegung von ihrem Anfang an und also auch in den Friedensdekaden engagiert. Dies brachte mir, neben anderem, das bemerkenswerte Erlebnis ein, daß ich, im Zusammenhang einer öffentlichen Lesung von friedensförderlichen Texten, aus der Bergpredigt Jesu Christi vortrug, stehend auf der Kanzel einer evangelischen Kirche: ich, der ich ein überzeugter Agnostiker bin.

Das Gotteshaus, dem ich diese Gelegenheit verdankte, steht im Ost-Berliner Stadtbezirk Lichtenberg. Es gehört der dortigen Samariter-Gemeinde, deren Pfarrer über lange Jahre Rainer Eppelmann war. Er hatte auch den Einfall, das Gedenken an die

Reichskristallnacht mit den Friedensbemühungen der achtziger Jahre zu verbinden, da dies zwei Erscheinungen seien, die nicht nur aus kalendarischem Zufall zueinander gehörten.

Vor dem Altar der Samariter-Kirche war ein Podium aufgebaut, an welchem die Gesprächsteilnehmer saßen. Dies waren, außer einem zufällig in Berlin anwesenden anglikanischen Geistlichen, der Gemeindepfarrer Eppelmann, der Rechtsanwalt Gregor Gysi und ich. Später stieß noch die Dissidentin Bärbel Bohley dazu. In der Sache, erinnere ich mich, gab es erstaunlich wenig Meinungsverschiedenheiten.

Aus heutiger Sicht bedeutete der Umstand, daß solche Veranstaltungen in jenen Jahren möglich waren, keinen Ausweis etwa für staatliche Toleranz, sondern allenfalls für geistige Schlampigkeit und Schwäche. Damals glaubten freilich viele, mich inbegriffen, jede dem autoritären Regime abgerungene Freiheit sei ein Schritt auf dem Wege hin zur überfälligen Reform, die am Ende wie den Beherrschten selbst noch den Herrschern zugute käme. Wir wollten die Korrektur des politischen Systems, nicht dessen Abschaffung. Wir wußten nicht, daß hier die Korrektur mit der Abschaffung gleichbedeutend war.

Diese Erkenntnis war dann erst das Resultat des Jahres 1989. Während sich die übrige Welt den schönen Apathien des Sommers hingab, wurde die DDR durch zwei besondere Ereignisse heimgesucht. Eines war die langwierige Erkrankung ihres führenden Staatsmannes Erich Honecker, die das Land in den Zustand völliger administrativer Entschlußlosigkeit versetzte. Das andere hatte mit dem Ausreisebegehren zahlreicher Bewohner zu tun, das sich zunächst in Ansammlungen rund um die Leipziger Nicolaikirche vermittelte, später durch den Ansturm auf Botschaftsgebäude der Bundesrepublik Deutschland in Prag, in Budapest und in Warschau.

Ich lebte während dieser Wochen in einem kleinen Fischerdorf an der DDR-Ostseeküste. Ich erfuhr von den Erosionen der politischen Landschaft aus den Nachrichten und Reportagen westdeutscher Radiosender, während die Zeitungen, die ich morgens an einem Pressekiosk der Deutschen Post erwarb, den unveränderten Eindruck von stupidem Optimismus zu erzeugen suchten.

Eine Marienkäferplage brach aus. Die Insekten fielen aus dem heißen Himmel wie Regen. Sie hingen in Massen an den Häuserwänden, und ihre zertretenen Leichen lagen auf den Wegen als eine fette gelbe klebrige Kruste. In abergläubischen Jahrhunderten hätte man darin gewiß das Vorzeichen für jähe Veränderungen erblickt.

In meiner unmittelbaren Nachbarschaft wohnten höhere Repräsentanten der politischen Herrschaft. Wenn ich sie traf, las ich in ihren Gesichtern die bei ihnen gewöhnliche Unerschütterlichkeit und Arroganz. Vierzig Jahre DDR waren vierzig Jahre Krisen gewesen, unter anderem. Wieso sollte nicht, wie die früheren, auch diese wieder vorübergehen?

Die politische Lethargie würde jedenfalls enden, wenn Erich Honecker endlich das Krankenhaus verließ und seine Amtsgeschäfte wieder aufnahm. Dies geschah im September. Tatsächlich fielen jetzt Entscheidungen. Die Botschaftsflüchtlinge verließen in Sonderzügen ihr Asyl. Das lange vorbereitete Spektakel des 40. Jahrestages der DDR-Gründung stand ins Haus. Gäste aus aller Welt wurden erwartet, Reden sollten gehalten werden.

Der westdeutsche Fernsehsender ZDF hatte mich gebeten, die Ansprachen und Ereignisse des 6. Oktober 1989 in der DDR während einer Live-Sendung zu kommentieren. Ich erblickte auf dem Monitor den Fackelzug junger Leute in der Ost-Berliner Innenstadt. Ich sah ihre leer lachenden Gesichter. Ich sagte wahrheitsgemäß, daß ich für mich, aus Gründen des persönlichen Geschmacks, auf Fackelzüge nichts hielte. Ich hörte die leeren Worte des Staatsratsvorsitzenden Honecker. Ich sah sein von Krankheit und Starrsinn gezeichnetes Greisenantlitz. Ich sagte wahrheitsgemäß, daß mich das völlige Fehlen jeglicher Art von Betroffenheit und Nachdenklichkeit in Honeckers Rede zutiefst verstöre. Nach der Sendung bemerkte ich, wie mich das Fernsehpersonal mit dem Ausdruck einer gewissen Besorgnis ansah. Für die damaligen Verhältnisse waren meine Worte vielleicht etwas leichtfertig gewesen, und womöglich sorgte man sich jetzt um meinen Kopf. Die damalige DDR-Führung freilich hatte in diesen Stunden anderes zu bedenken als das durchaus unmaßgebliche Schicksal meiner Person.

Denn es erfolgten jetzt jene Demonstrationen, Festnahmen und Mißhandlungen, mit denen das Regime nochmals seine Gewalttätigkeit offenbarte, unter den Augen der Welt. Der atemberaubende Massenumzug des 9. Oktober in Leipzig fand statt, während die Panzer schon herbeigerollt, die scharfe Munition schon ausgegeben, die Blutkonserven in den Spitälern schon bereitgestellt worden waren: Jedermann rechnete mit einer blutigen Lösung, und wieso es dann nicht dazu kam, ist bis heute rätselhaft. Mehrere Künstler und Politiker der DDR nehmen das Verdienst dafür in Anspruch, aber der wirklich Verantwortliche trägt wohl den Namen Michail Gorbatschow. Die deutschen Initiativen waren dazu bloß Beiwerk.

Statt des befürchteten Blutbades gab es also das Schauspiel der waffenstarrenden Schwäche. Fortan, dies war zu erkennen, stand das politische System der DDR zur Disposition.

Die führenden Ränge der SED tagten in Permanenz. Informationen drangen an die Öffentlichkeit und ließen einen Führungswechsel vermuten. Ich erinnere mich, wie ich in der Koje meines österreichischen Verlages auf der Frankfurter Buchmesse saß: Plötzlich standen vor mir zwei Ost-Berliner Bekannte, die ich an diesem Ort niemals vermutet hätte. Sie versahen mich mit einer abenteuerlichen Nachricht, betreffend die personelle Umgestaltung im SED-Politbüro. Ich wiederholte sie unter Kopfschütteln. Jemand pickte sie auf und brachte sie an die Öffentlichkeit. Es blieb ein wahnwitziges Gerücht unter anderen.

Als die Mitteilung über Honeckers Sturz erfolgte, war ich wieder daheim. Nachfolger Krenz hielt am

Tag seiner Investitur eine langatmige Rede im Fernsehen. Ich hörte ihr zu. Als er geendet hatte, wußte ich, daß die durch den Austausch an der Partei- und Staatsspitze gegebene Chance schon wieder vertan war. Am folgenden Morgen begegnete ich dem Korrespondenten einer großen westdeutschen Zeitung. Er fragte mich: »Was spricht eigentlich gegen Egon Krenz?« Meine Antwort war: »Alles.«

Die nur unwesentlich erneuerte politische Führung der DDR unternahm noch den einen und anderen Versuch, mit ihrem Volk ins Gespräch zu kommen. Das in jenen Tagen am häufigsten strapazierte Wort lautete Dialog.

Eine entsprechende Veranstaltungsreihe trug den Namen Sonntagsgespräch, und einer der dafür vorgesehenen Plätze war das Gelände vor dem Roten Rathaus in Ost-Berlin. Einmal, am 29. Oktober, stand ich unter den Zuhörern. Das mochten um die zwanzigtausend sein. Man hatte mehrere Mikrofone aufgebaut, für die Fragen, für die Antworten. Auf den Stufen zum Rathaus-Portal warteten die Offiziellen, sämtlichst Leute aus dem alten Establishment, schwer belastet von Vergangenheit und das unsichtbare Zeichen baldigen Scheiterns auf der Stirn, die Namen lauteten: Schabowski, Kant, Thielmann, Höpcke, Krack. Als aus der Menge die Forderung kam, die Privilegien von Wandlitz zu beenden und die Ministerin für Volksbildung zu entmachten, war begeisterte Zustimmung. Ich sah, wie der westdeutsche SPD-Vorständler Horst Ehmke sich unter den Versammelten bewegte und das Geschehen musterte, als inspiziere er eine eroberte Provinz. Aus der Menge erging jetzt die Bitte, durch Aufheben der Hand der Toten an der Mauer zu gedenken. Dieses Zeichen wurde von mehr als einem Drittel der Menge verweigert.

Eine Woche später, am 4. November 1989, auch einem Sonntag, geschah in Ost-Berlin die von Theaterleuten angeregte Demonstration, die sich unter das Thema der Meinungs- und Pressefreiheit gestellt hatte.

Erst sehr viel später wurde mir deutlich, daß wir damals alle in einer großräumigen Inszenierung des Regisseurs Michail Gorbatschow mitwirkten. Er hatte es sich zum Ziel gesetzt, in den von der Sowjetunion abhängigen osteuropäischen Ländern den obsolet gewordenen Spätstalinismus zu beenden, um statt dessen Regimes seines Stils und seines Vertrauens zu begünstigen. Die von ihm favorisierten Personen hießen in Polen Jaruzelski und Rakowski, in der Tschechoslowakei Jakes, in Ungarn Grosz und Poszgoy, in der DDR Krenz und Markus Wolf. Die Inszenierungen mißglückten. Die einmal begonnenen Entwicklungen hatten plötzlich ihre eigene Logik, die sich von außen nicht steuern ließ. Nur in zwei der Staaten, den von allen rückständigsten, sollte Gorbatschow mit seinen Plänen doch noch Erfolg haben, Bulgarien und Rumänien.

Damals, am 4. November in Ost-Berlin, waren ein paar hunderttausend Menschen unterwegs. Sie zogen von der Liebknechtstraße zu den Linden, über den Marx-Engels-Platz, über die Breite Straße und den Molkenmarkt bis zum Alexanderplatz. Sie führten selber gemachte Transparente mit sich. Sie gingen vorüber an Schildern, Karikaturen und Pantomimen. Auf dem Alexanderplatz wurden Reden gehalten, viele konnten nichts davon hören, da sie noch unterwegs waren, sie mußten es auch nicht hören, da die Reden, noch die kühnsten unter ihnen, artifiziell und ausdruckslos gerieten gegen die Wirklichkeit auf den Straßen.

Ich hatte so etwas zuvor niemals erlebt. Ich werde es so wohl nie wieder erleben können. Der Zug dieser Hunderttausende hatte nichts Bedrohliches, und es war, in ihm mitzugehen, nicht beengend, alles vollzog sich vielmehr gelassen und friedvoll, alles war ein äußerster Ausdruck von Befreiung, von Freiheit, die unwiderstehlich, die freilich auch flüchtig war, auf diese Stunden beschränkt, und das war genau jene Freiheit, von der die Anarchisten aus dem Geiste Bakunins und Landauers immerzu träumten und die ebenso in den süchtigen Erinnerungen des Pariser Mai '68 gewesen war.

Die Freiheit der Anarchisten ist ziellos, ihr einziger Zweck ist sie selbst. Das verzweifelte Aufbäumen der leninistischen Disziplin erfolgte genau vier Tage später. Durch heimliche Order wurden alle Berliner Mitglieder der SED, die sich erreichen ließen, vor das Gebäude des Zentralkomitees befohlen, hinter dessen Mauern man gerade über einen neuerlichen Personenwechsel beriet. Mich hatte ein schweizerisches Fernsehteam um eine Meinungsäußerung gebeten und auf das gleiche Gelände bestellt. So erhielt ich Gelegenheit, diese Manifestation der Berliner SED, eine ihrer letzten, mitzuerleben.

Sie war ihren Erfindern völlig entglitten. Statt des erhofften Enthusiasmus gab es Verzweiflung. Die verbalen Zeugnisse davon nahmen kein Ende und wurden unüberhörbar verstärkt durch riesige Lautsprecher. Dazu war es kalt, die Dämmerung fiel ein. Ich begegnete einem Bekannten, der sich kopfschüttelnd davonmachte und, als er mich sah, die Worte sagte: »Es ist aus.«

Die Reden gingen weiter. Es war dunkel geworden. Ich stellte mich vor eine TV-Kamera, auf die obenauf eine kleine Jupiterlampe montiert war, und während ich mein düsteres Urteil der herrschenden Zustände aufsagte, sah ich ringsum auf der Wiese ähnliche Jupiterlampen brennen, überall wurden jetzt dem meinen ähnliche Urteile gesprochen, und die brennenden Lampen waren wie die Irrlichter über einem monströsen Schauspiel von Zusammenbruch und Verwesung.

Am nächsten Morgen, dem 9. November, sollte ich nach Wien reisen.

Ich brach rechtzeitig auf. Ich mußte, an der Innerberliner Grenze, nochmals alle jene ermüdenden Prozeduren durchlaufen, die dort seit achtundzwanzig Jahren die Regel waren. Ich mußte mit meinem Wagen durch mehrere versetzte Öffnungen in Betonmauern fahren. Insgesamt dreimal mußte ich meinen Reisepaß vorweisen. Ich mußte meinen Wagen den Zöllnern öffnen. Durch Herabdrücken der Sitzpolster überprüften sie, ob ich vielleicht, versteckt in der Karosserie, einen Menschen aus der DDR hinausschleuste. Beim entscheidenden Check meines Passes mußte ich zehn Minuten warten. Ich wußte, während dieser Zeit wurden in dem dafür eingerichteten Zentralcomputer der DDR-Staatssicherheitsbehörde meine Personaldaten und mein Visum auf ihren aktuellen Stand überprüft. Danach fuhr ich weiter, durch Moabit und Charlottenburg, bis zum Flughafen Tegel. Mit dem soeben Erlebten durch zahllose Male der Wiederholung vertraut, fühlte ich gleichwohl, noch in der Erinnerung daran, ein körperliches Unbehagen, wie ein Hautjucken.

Ich bestieg eine Maschine vom Typ Boeing und begab mich via Frankfurt nach Wien.

Dort angekommen, stürzte ich mich alsbald in Gespräche mit meinem Buchverlag, der gerade die letzten Vorbereitungen traf, sein Gründungsjubiläum zu begehen. Daran teilzuhaben, war der Zweck meines Aufenthaltes. Wien ergriff von mir Besitz mit seinem eigenen Sprachklang, seinen besonderen Gerüchen und Gerüchten, seiner anderen politischen Wirklichkeit. In meinem Gemüt rückte die DDR von Stunde zu Stunde weiter fort. Gegen Abend saß ich in meinem Hotelzimmer und besah mir die Abendnachrichten im Fernsehen. Ich erlebte den am Vortage neu gewählten SED-Informationschef Schabowski bei einer Pressekonferenz, wo er, wie nebenher, die Mitteilung vortrug, die Berliner Mauer würde geöffnet. Ich erkannte die Verblüffung in den Gesichtern der bei dieser Pressekonferenz anwesenden Korrespondenten.

Das österreichische Fernsehen sendete an diesem Abend noch eine Talk-Show. Es ging dabei um die gegenwärtige deutsche Situation. Geladen waren: ein DDR-Korrespondent in Wien, die Korrespondentin eines westdeutschen Blattes in der DDR, eine DDR-Liedermacherin und eine vor Jahren aus der DDR emigrierte Schauspielerin. Es wurde eine langweilige Veranstaltung. Der DDR-Journalist lavierte vor Unsicherheit, die Schauspielerin heulte vor Rührung, die West-Journalistin schwärmte von einer DDR, die ich nicht kannte, die Liedermacherin bekannte sich zur Zukunft einer sozialistischen DDR, an die ich nicht glaubte. Dann wurden, es war schon lange nach Mitternacht, aktuelle Bilder aus Berlin eingespielt. Man sah Leute über die Grenze strömen, unfähig, ihre Gefühle von Glück, Befreiung und Überwältigtsein zu formulieren, man hörte die Geräusche von Beifall und springenden Sektkorken. Hinterher waren die Gäste der Talk-Show sonderbar wortkarg. Sie begriffen wohl, daß sich ihre Welt, daß sich die gesamte Welt verändert hatte, radikal und unwiderruflich. Es waren die bewegten Bilder nötig gewesen, um eine zunächst abstrakte Mitteilung mit sinnlichen Eindrücken auszustatten, und die zertrümmerten alle Präokkupation.

Am nächsten Morgen kaufte ich mir sämtliche Zeitungen, deren ich habhaft wurde. Die großen westdeutschen Blätter hatten die Nachricht von der Grenzöffnung gerade noch unterbringen können. Die später gedruckten Wiener Blätter berichteten ausführlich, aber sie blieben deutlich distanziert:

Dies war, bei aller Sympathie, nicht das politische Problem der Republik Österreich. Auf den von Menschen überfüllten Wiener Straßen ließen sich Deutsche an diesem Tag mühelos ausmachen, man erkannte sie an ihren aufgeregten Gesten und an dem Umstand, daß sie unentwegt die Wörter *Berlin* und *Mauer* im Mund führten.

Am Abend begab sich die festliche Veranstaltung zum Geburtstag des Paul Zsolnay Verlages.

Sie fand im Wiener Funkhaus statt. Sie war sehr österreichisch. Vor geöffneten Mikrophonen und sehr viel Publikum saßen Schauspieler, Autoren, Verlagsleute nebeneinander. Wie eine Ikone gehandelt wurde der bekannte Johannes Mario Simmel, der seine ersten Bücher bei Zsolnay verlegt hatte. Obschon eigentlich geschlagen mit einer Sprachhemmung, redete er diesmal frei und ohne Unterbrechung, übrigens auch recht witzig, Kenner seiner Person versicherten hernach, dieser Auftritt sei singulär gewesen. Ich erkannte an Simmels Erzählungen aus dem Nachkriegs-Wien manches wieder vom Berlin der fünfziger Jahre. Zwischendurch spielte ein Schrammelquartett auf eine Art, als hätte Arnold Schönberg die Arrangements verfaßt.

Schließlich wurde ich aufgerufen und vom Moderator nach meinen Gefühlen an diesem Tag befragt. Ich sagte, ich sei gern in Wien, ich sei immer gern in dieser Stadt gewesen, doch selten in meinem Leben hätte ich mich so deplaziert gefühlt wie an diesem Tag. Ich erzählte, wie ich einst den Mauerbau erlebt hatte. Mein letzter Besuch in West-Berlin, zwei Tage

zuvor, habe dem Einkauf einer speziellen Trocken-
milch und eines Kilos Mohrrüben für meine kleine
Tochter gegolten. Das Kind sei aufgewachsen im
Schatten der Mauer. Nun, da das scheußliche Bau-
werk endlich gefallen sei, hätte ich das Bedürfnis,
daß ich, statt im vierten Wiener Gemeindebezirk zu
sein, mein inzwischen erwachsen gewordenes Kind
bei der Hand nähme, um mit ihm durch eine der
neuen Öffnungen zu gehen, die nächstgelegene, die
an der Sonnenallee. Da wurden auch die Zuhörer
von meinen Gefühlen überwältigt, und sie applau-
dierten mir herzlich.

Ich mußte an den nächsten Tagen noch allerlei
Reporterfragen beantworten. Westdeutsche Radio-
stationen stöberten mich auf und wollten meine
Meinung hören. Zwischendurch sah ich mir die
neuen Bilder im Fernsehen an und las die neuesten
Zeitungen. Ich telefonierte mit daheim. Plötzlich
schienen auch die Verschlüsselungen, deren ich
mich sonst bei solchen Gelegenheiten bedient hatte,
um die mithörenden Geheimdienste zu verwirren,
nicht mehr nötig. Mochten sie mithören oder nicht,
mit dem 9. November waren die von ihrer Existenz
ausgehenden Drohungen nichtig geworden, man
konnte über sie lachen.

Den Wienern aber wurden die deutsch-deutschen
Euphorien zusehends unheimlich. Einmal traf ich
einen österreichischen Bekannten, der mich mit den
melancholischen Worten begrüßte: »Sie sind wohl
vor der deutschen Wiedervereinigung geflohen?«
An der Unterführung der großen U-Bahnstation

Karlsplatz wurden Flugblätter verteilt, die ein Bild der zerbrochenen Mauer zeigten, einen Ausspruch von Friedrich Engels zitierten und ein wiedervereinigtes Deutschland forderten. Die Autoren des Flugblatts, wie auch seine Verteiler, waren Angehörige einer schlagenden Studentenverbindung.

Mir wurden die unguten Gefühle des erwähnten österreichischen Bekannten allmählich einsichtig. Warum gab es eigentlich keine linken Visionen von der deutschen Einheit? Diese Frage hatte ich, gemeinsam mit Martin Walser, vor nicht langer Zeit dem SPD-Denker Egon Bahr vorgetragen, und der hatte sie verächtlich weggewischt.

Als ich dann nach Berlin zurückkehrte, lag das Datum der Maueröffnung schon einige Tage zurück. Das Flugzeug, in dem ich saß, kreiste über der Stadt, mehrmals geriet dabei auch die Mauer ins Blickfeld. Ich erkannte die ungewohnten Ansammlungen von Menschen und Fahrzeugen an mehreren Stellen der Grenze.

Als ich zum Parkplatz des Flughafens Tegel ging, entdeckte ich, nebeneinandergestellt, um die zwanzig Fahrzeuge vom Typ Lada, Wartburg und Trabant, sämtlich versehen mit Kennzeichen aus Regionen der DDR. Die gleichen Fahrzeugmodelle waren auch im innerstädtischen Verkehr wahrzunehmen. Sie boten mir einen höchst sonderbaren Anblick. In Alt-Moabit stand auf dem Mittelstreifen ein völlig zerbeultes DDR-Fahrzeug, wie ein Denkmal der Vergänglichkeit.

Am Grenzübergang Invalidenstraße herrschte reges Treiben. Ein Ameisenstrom von Fußgängern bewegte sich auf dem Bürgersteig. Ein Toiletten-Container war aufgestellt und wurde belagert, britische Militärpolizisten teilten kostenlosen Tee in Pappbechern aus. Auf DDR-Gebiet standen freundliche Grenzsoldaten, ordneten den Fahrzeugverkehr und betätigten ihre Stempel. Die finsteren Erinnerungen an achtundzwanzig Jahre Hermetismus waren wie weggedorrt. Die Mauer ließ sich durchaus noch besichtigen und anfassen, aber sie war nurmehr eine abstruse Anhäufung von Steinen. Die Grenzsoldaten winkten mich lächelnd heran, begrüßten mich lächelnd, sie nahmen lächelnd meinen Reisepaß zur Kenntnis, und lächelnd winkten sie mich weiter. Nie zuvor in meinem Leben hatte ich so viele lächelnde Grenzbeamte gesehen.

I Wann blühen die Steine

Spätsommer bis November '89

1

Eines Mittags im Sommer gingen mehrere Schulkinder des Ost-Berliner Stadtbezirkes Lichtenberg über die Straße und hielten jedes im Arm einen Totenkopf. Auf Fragen von Erwachsenen, woher ihr Mitbringsel stamme, wiesen die Kinder hin auf eine Baugrube, wo, bei Erdarbeiten für eine neue Linie der Untergrundbahn, sich unvermutet ein Massengrab aufgetan hatte. Hier waren gegen Ende des Zweiten Weltkriegs Zigeuner getötet und verscharrt worden. Die DDR hatte sich in ihrer antifaschistischen Überzeugung zunächst der von Hitler verfolgten Sozialisten und Kommunisten erinnert, später der verfolgten Juden, Christen, Liberalen, der Widerstandskämpfer vom 20. Juli 1944. Daß auch das Volk der Zigeuner hierunter zu rechnen sei, war in der DDR nirgends zu lesen. Da es sich so verhielt, sammelte man die Totenschädel wieder ein, schaufelte das Massengrab wortlos zu und fuhr mit den Bauarbeiten für die neue Untergrundbahn fort.

2

Am 29. September 1989 druckte das Zentralorgan der SED, Neues Deutschland, die folgenden Sätze aus einer öffentlichen Rede von Joachim Herrmann, Mitglied im Politbüro des ZK der SED: »Wie stets, so zählen gerade in Zeiten harter Klassenauseinandersetzungen Leistung und Taten, zählen Haltung und Standpunkt.« An diesem Tage betrug die Zahl der Menschen aus der DDR, die sich in die bundesdeutsche Botschaft zu Prag geflüchtet hatten, um damit ihre endgültige Ausreise zu erzwingen, bereits mehr als viertausend.

3

Aus Anlaß des unmittelbar bevorstehenden vierzigsten Jahrestags der DDR-Staatsgründung schrieb das Zentralorgan der SED, Neues Deutschland: »Die DDR ist der antifaschistische deutsche Staat, der aus der Geschichte unseres Volkes die Lehren gezogen hat.« Die DDR hatte da gerade eine ihrer höchsten staatlichen Auszeichnungen, Stern der Völkerfreundschaft, an die zu Aachen wohnhaften Kunstsammler Peter und Irene Ludwig verliehen, die beide öffentlich erklären, sie hielten den Lieblingsbildhauer Adolf Hitlers, Arno Breker, für einen besonders bedeutenden Künstler.

4

Während der Jubiläumsfeiern zum vierzigsten Jahrestag der DDR-Gründung wohnte ein Team des japanischen Fernsehens in einem der Devisenhotels der Ost-Berliner Innenstadt. Unmittelbar vor ihrem Aufbruch zu einem Interview mit einem DDR-Regierungsvertreter verständigten sich die Journalisten in ihrem Zimmer auf die zu stellenden Fragen. Natürlich sprachen sie dabei japanisch. Der anschließende

Weg vom Hotel zum Interviewort betrug zehn Minuten. Ihrem Interviewpartner lagen da bereits die Interviewfragen, von denen er offiziell gar nichts wissen konnte, in korrekter deutscher Übersetzung schriftlich vor.

5

Als während des Spätsommers 1989 in Leipzig nach den montäglichen Friedensandachten sich die ersten Demonstrationen bildeten, blieben in Berlin, Hauptstadt der DDR, die einzigen Ansammlungen unter freiem Himmel, die nicht von der offiziellen Politik befohlen wurden, jene Menschenschlangen, die vor der Kasse des Kinos »Kosmos« in der Karl-Marx-Allee auf eine Eintrittskarte für den amerikanischen Musikfilm *Dirty Dancing* warteten.

6

Die Gründung des Unternehmens, zuzuordnen dem Bereich Kommerzielle Koordinierung des damaligen Staatssekretärs Schalck-Golodkowski, hatte zwei Motive. Eines davon war die chronische Devisenknappheit des Landes DDR, das andere die fehlenden Plätze im Strafvollzug der Bundesrepublik Deutschland. Gegen konvertible Währung sollten also von westdeutschen Gerichten rechtskräftig Verurteilte ihre Freiheitsstrafen in Gefängnissen der DDR verbüßen. Der Vorgang ließ sich maximieren, wenn straffällig gewordene DDR-Bürger, aus DDR-

Haft gegen entsprechende Devisenzahlung der Bundesregierung freigekauft, in ihrer neuen Heimat wiederum straffällig wurden, worauf man sie zur Verbüßung ihrer Strafen zurückschickte in ihre ursprünglichen Haftanstalten. Der Name der deutsch-deutschen Service-Einrichtung lautete INTERKNAST. Auf Grund eines Versehens ist sie nicht mehr zur Ausführung gelangt.

7

Die Zahl der am 9. Oktober 1989 im Tageblatt Neues Deutschland abgedruckten Bildnisse von Erich Honecker betrug achtundzwanzig. Die Zahl der an diesem Tage aus der DDR über Ungarn in die Bundesrepublik Deutschland geflüchteten Menschen betrug eintausendachthundertsechsundvierzig.

8

Sie werden seit vierzig Jahren an Leib und Seele geschädigt, weil sie in der falschen Gegend Deutschlands geboren wurden«, notiert, zu Besuch in Sachsen, der westdeutsche Schriftsteller Martin Walser. »Ein Kellner aus Dresden schilderte uns, wie das Leben seines Sohnes verlaufen werde, wenn alles so weitergehen würde wie bisher. Das war die trostloseste Perspektive, der ich je ausgesetzt war.«

9

Er ließ sich gerne für seine politische Vergangenheit rühmen, die jene eines beherzten Gegners der faschistischen Unterdrückung gewesen sei. Er übernahm das höchste Staatsamt seines Landes in enger Abstimmung mit jener Weltmacht, die den Faschismus militärisch besiegt hatte. Er versprach mehr materiellen Wohlstand für das arbeitende Volk. Seine Herrschaft schien zunächst erfolgreich, das machte ihn populär. Später verkamen die Zustände. Es herrschten Unfähigkeit, Mißwirtschaft, Korruption und Liebedienerei. Er schanzte seinen engsten Mitarbeitern, wie auch sich selbst, Reichtümer und Privilegien zu. Besonders auffällig war die Machtfülle seiner Frau. Die lange Endphase seiner Herrschaft wurde gekennzeichnet durch diktatorische Maßnahmen, verbunden mit einem Kult seiner Person, es häuften sich terroristische Maßnahmen der Geheimpolizei, die Gefängnisse füllten sich mit politischen Häftlingen. Er war jetzt alt und recht krank. Er begriff die Wirklichkeit nicht mehr, er klammerte sich an leer gewordene Utopien und ließ sich feiern auf eigens dazu befohlenen Veranstaltungen. Schließlich kam es zu der für jedermann offensichtlichen Fälschung einer Wahl. Jetzt wandte sich selbst die politische Schutzmacht von ihm ab, während in seinem Land die Leute auf die Straße gingen, um zu demonstrieren, geduldig, friedlich trotz Provokationen der aufgebotenen Staatsmacht. Die Demonstrationen wurden immer mächtiger. Die gesamte Welt blickte bewundernd auf ein Land, das, situiert an der Grenzlinie der beiden kontroversen Weltsysteme, seine Freiheiten erkämpfte mittels Gewaltlosigkeit. Der Mann gab sein Amt auf, nicht freiwillig, es wurde ein schmählicher Abgang. Ferdinand Marcos ging ins Exil, nach Hawaii, wo er, wenig beachtet, 1989 starb.

10

Nach Ansicht des Großen Brockhaus vollzieht sich das Tragische, wo menschliche »Schöpfungen und ihre Träger in leidvollem Kampf mit übermächtigen Gegenkräften unterliegen und vernichtet werden«. Nach Ansicht der Zeitgeschichtsschreibung bestand die erste erhebliche Tat des Politikers Erich Honecker in der heimlichen Vorbereitung und raschen Ausführung des Berliner Mauerbaus am 13. August 1961. Damit wurde die bis dahin anhaltende Massenflucht von Bürgern der DDR in den deutschen Westen unterbunden. Als Erich Honecker zehn Jahre später zum mächtigsten Staatsmann der DDR aufgerückt war, setzte er alles daran, das Land bewohnbarer, die Grenze undurchdringlicher, die Regierung reputierlich zu machen. Dies ist ihm gelungen. Achtzehn Jahre später wollte er den 40. Jahrestag der DDR-Gründung feierlich begehen und sein politisches Lebenswerk damit krönen. Abermals flohen DDR-Bürger in Massen das Land, auf dem Umweg über ausländische Botschaften, über die Grenzen von Drittländern, da sie in den deutschen Westen gelan-

gen wollten, die Zahlen erreichten Größenordnun-
gen wie unmittelbar vor dem 13. August 1961. Jetzt
gab es keine Möglichkeit mehr, sie durch das Errichten einer Mauer zu hindern. Da es sie nicht gab,
wurde plötzlich jene erste Mauer zu gespenstischen
Ruine. Erich Honecker nun? Er redete nicht davon.
Er schien es nicht sehen zu wollen. Nur seine Hände
zitterten. Die übrige Welt redete von nichts anderem, sie sah nichts anderes, und sie sah Erich Honek-
kers zitternde Hände.

11

Am 10. Oktober sagte, unter dem Eindruck der
Leipziger Massen-Demonstration vom Abend zuvor,
in einer Sendung des Bayerischen Fernsehens ein
DDR-Experte namens Obst: Nunmehr müsse in der
DDR ein Generalstreik erfolgen, damit das Honek-
ker-Regime beseitigt werde. Diese Aufforderung
war anmaßend, da sie außerhalb der DDR-Grenzen
erfolgte, und sie war realitätsfern, denn die ange-
sprochenen Arbeiter zeigten sich zum Generalstreik
nicht bereit. Anmaßung und Realitätsferne hatte
Experte Obst erlernt an einem dafür geeigneten Ort.
Er war über längere Zeit Mitarbeiter des DDR-Ministerpräsidenten gewesen.

12

Die DDR-Schauspielerin Vera Oelschlegel, Chefin
des in Ost-Berlin beheimateten Theaters im Palast,

war am Morgen des 11. Oktober zu besichtigen im Frühstücksfernsehen von RTL-plus. In bewegten Wörtern äußerte sie ihr Mitgefühl für all jene, die den schmerzlichen Entschluß gefaßt hätten, ihre Existenz in der DDR aufzugeben, daß sie in die Bundesrepublik flöhen. Sie befand sich im Großherzogtum Luxemburg anläßlich des Gastspiels mit einem Zwei-Personen-Stück. Soeben waren ihr sowohl ihr Regisseur als auch ihr Partner durch Vaterlandsflucht abhanden gekommen. Frau Oelschlegel teilte mit, das Gastspiel werde gleichwohl stattfinden, da Stückeschreiber H. Müller den fehlenden Part seines Textes lesen wolle. Zwischendurch gab es Nachrichten von der Zürcher Effektenbörse, Werbung für ein Vollwaschmittel und den täglichen Wetterbericht. Als man es sah, wußte man gleich, in der DDR würde sich etwas ändern.

13

Der naturwissenschaftlich-technische Erfinder Manfred von Ardenne sollte für den NS-Postminister Ohnesorge die Atombombe erfinden. An diesem Auftrag scheiterte er. Was er bei einem bald darauf sich anschließenden Aufenthalt in der UdSSR für Stalin erfinden sollte, ist überwiegend unbekannt. Heimgekehrt, etablierte er sich in der DDR, in Dresden, umgab sich mit zahlreichen Mitarbeitern und erfand viele Dinge. Man ehrte ihn mit höchsten DDR-Auszeichnungen und bestimmte ihn zum Abgeordneten der DDR-Volkskammer. Anläß-

lich des vierzigsten DDR-Jubiläums saß er im Palast
der Republik und lauschte dankbar den Worten des
Staatsratsvorsitzenden Honecker. Die TV-Kamera
zeigte sein Gesicht. Fünf Tage später saß er am Früh-
stückstisch der BILD-Zeitung in Hamburg. »Die
BILD-Zeitung«, sagte er dort, »ist eine moderne effi-
ziente Methode der Information in unserer Zeit.«
Dreizehn Tage später saß er im Palast der Republik
und wählte den Staatsratsvorsitzenden Krenz. Die
TV-Kamera zeigte sein Gesicht. »Das gute Alte«,
sagte er, »muß sich wandeln, um das gute Alte zu
bleiben.«

14

Auf die von einer West-Berliner Radiostation gestellte Frage, ob in der DDR ein anderer Journalis-
mus vorstellbar sei als der dort bis zum 11. Oktober
1989 gemachte, gab der Befragte, jemand aus der
DDR, wahrheitsgemäß zur Antwort, dies gleiche
dem Ansinnen, ein Mensch, dem man zuvor beide
Beine abgehackt habe, solle nunmehr sportliche
Höchstleistungen im Weitsprung vollbringen. Bilder haben ihre Wahrheit für sich. Einer, dem die
Beine abgehackt wurden, kann es freilich unternehmen, zu springen: Indem er sich Prothesen anlegt.
Freilich tragen sie nicht sehr weit, und sie schmer-
zen enorm.

15

Von den insgesamt acht stellvertretenden Chefre-
dakteuren des SED-Zentralorgans Neues Deutschland heißt einer H. Wessel. Als 1987 der sowjetische
Spielfilm »Die Reue« von Abuladse in die Kinos,
nicht jene der DDR, kam, verurteilte er diesen mit
schneidenden Worten und zieh ihn des Antikommu-
nismus, außerdem befahl er der Sowjetunion, wie
sie ihre eigene Geschichte zu betrachten habe. Des-
senungeachtet lud man ihn Mitte Oktober '89 nach
Moskau zu einem Journalistentreff, worüber er,
heimgekehrt, für sein Blatt einen Text schrieb. Darin
rühmte er sich seiner persönlichen Bekanntschaft
mit dem Darsteller der Filmfigur James Bond (Anti-
kommunist) und erzählte, es hätten mit ihm auf den
neuen SED-Generalsekretär Egon Krenz sowohl
Adam Michnik (Solidarność) als auch Paul Lendvai
(Exil-Ungar) getrunken. Eine nicht diesem Text gel-
tende Überschrift in der gleichen Blattausgabe lautete: »Almosen für ein Fossil«.

16

Der neugewählte Generalsekretär der SED, Egon
Krenz, sagte am 18. Oktober in seiner Antrittsrede,
die Jugend benötige Vertrauen. Eine Woche später
lud der höchste SED-Parteisekretär einer Gemeinde
am Südostrand Berlins verschiedene jugendliche
Angehörige von basisdemokratischen Gruppen zu
einem vertrauensvollen Gespräch in seine Woh-

nung. Einem der jungen Leute fiel nach einiger Zeit ein ostinates Geräusch auf. Er ging dem nach und fand in einem Regal, hinter Büchern versteckt, ein Mikrofon mit angeschlossenem, in Betrieb befindlichem Tonbandgerät.

17

Offizielle Verlautbarungen der DDR rühmten lange Zeit die Stabilität der Preise, obwohl es jährliche Teuerungen gab, die bei fünfzehn Prozent lagen. Die Zustimmung zu den Kandidaten der Kommunalwahlen im Frühjahr '89 wurde offiziell mit achtundneunzig Prozent beziffert, obwohl verschiedentlich Manipulationen des Ergebnisses in einzelnen Stimmbezirken nachgewiesen wurden und allein die Zahl der Ausreiseanträge, zusammen mit jener der inzwischen erfolgten Fluchten über Polen, Ungarn und die Tschechoslowakei, mehr als zwei Prozent der Gesamtbevölkerung betrugen. In einer ersten Reaktion der offiziellen DDR-Politik auf die Existenz von Botschaftsflüchtlingen in Budapest und Prag wurde empfohlen, den Ausgereisten keine Träne nachzuweinen. Bei der Wahl des neuen Staatsratsvorsitzenden in der Volkskammer zählte deren Präsident dreiundzwanzig Gegenstimmen und mußte sich von einem Stenographen belehren lassen, daß es in Wahrheit sechsundzwanzig seien, worauf er gleich anmerkte, er habe keinesfalls manipulieren wollen. Der neue SED-Chef konnte in seiner ersten Fernsehrede die Tränen, die von Vätern und

Müttern der Flüchtlinge geweint wurden, nachempfinden. Das Problem der SED waren die Zahlen und die Tränen.

18

Eigentlich hatte Erich Honecker seine politische Karriere schon verwirkt, als er die höchste, nach Karl Marx benannte Auszeichnung der DDR dem rumänischen Politiker Nicolae Ceauşescu verlieh.

19

Eines der auf den spontanen Massendemonstrationen in Berlin und Leipzig mitgeführten Transparente zeigte die Aufschrift »eGOn«.

20

Das Präsidium des PEN-Zentrums der DDR verabschiedete unmittelbar vor dem 40. Jahrestag der DDR-Gründung eine Erklärung, die die Zustände in der DDR verteidigte und anpries. Der Text wurde veröffentlicht, er trug die Namen der Präsidiumsmitglieder. Vier Wochen später verabschiedete das gleiche Gremium eine Erklärung, welche Zustände in der DDR anklagte und verwarf. Der Text wurde veröffentlicht. Er trug die Namen der Präsidiumsmitglieder, bis auf einen: Der Präsident wollte den Text nicht mittragen, weswegen er, aus Protest, sein Amt zur Verfügung stellte. Man wäre geneigt, diese

Haltung charaktervoll zu nennen, gäbe es nicht die dazu gehörige Begründung. Sie stützt sich auf die Charta des Internationalen PEN, worin festgelegt wird, daß der PEN »sich weder für noch gegen eine Gesellschaftsordnung oder Staatsverfassung aussprechen« dürfe. Dieser Umstand, so unzweifelhaft er ist, hatte den Präsidenten vier Wochen zuvor nicht abgehalten, die Erklärung zum 40. Jahrestag der DDR-Gründung mitzutragen. Stalinisten und Opportunisten gleichen sich in den Techniken ihrer Verlogenheit.

21

Eines der auf den spontanen Massendemonstrationen in Berlin und Leipzig mitgeführten Transparente zeigte die Aufschrift »Krenz zu Tisch«, ein anderes »Privilegien für alle«.

22

Die Führung der SED hat wiederholt behauptet, es gäbe, ihre Parteigeschichte betreffend, keine »weißen Flecken«. Der deutsche Kommunist Kurt Müller, genannt Kutschi, war Ende der zwanziger Jahre Mitarbeiter des KPD-Politbüro-Mitglieds Heinz Neumann, mit dem gemeinsam er sich in Moskau aufhielt. Nach einer kurzen Inhaftierung durch Stalin, im Jahre 1934, ging Müller nach Deutschland zurück, wo er sich in der politischen Illegalität betätigte. Hitlers Geheime Staatspolizei verhaftete ihn bald. Müller verbrachte elf Jahre in Zuchthäusern und Konzentrationslagern, seinen politischen Mentor Heinz Neumann liquidierte 1937 Josef Stalin. Kurt Müller, aus politischer Haft in Deutschland endlich entlassen, wurde Landesvorsitzender der KPD in Niedersachsen, später stellvertretender Vorsitzender der Gesamtpartei und Abgeordneter im Deutschen Bundestag. Im März 1950 hielt vor seiner Wohnung in Hannover ein Wagen mit Chauffeur und Begleiter. Kurt Müller erfuhr, daß er zu einem Vortrag beim Politbüro der SED nach Ost-Berlin gebeten sei. Müller trat die Fahrt an, in Ost-Berlin wurde er verhaftet. Man unterzog ihn ausführlichen Verhören. Wegen Spionage, Sabotage, Gruppenbildung, trotzkistischer Tätigkeit wurde er schließlich zu fünfundzwanzig Jahren Haft verurteilt, von denen er fünf verbüßte. Seine Inhaftierung war das Werk von Erich Mielke, später Minister für Staatssicherheit der DDR und Mitglied im Politbüro der SED.

23

Eines der auf den spontanen Massendemonstrationen in Berlin und Leipzig mitgeführten Transparente zeigte die Aufschrift »Rücktritt ist Fortschritt«, ein anderes »Es wird Zeit, daß der Stein zu blühen beginnt«.

24

Es muß gesagt werden können, daß der vielbewun-
derte Ruf der Massen in der DDR, »Wir sind das
Volk«, eigentlich eine Tautologie ist.

25

Diesmal werden wir unsere Fehler ganz einfach gar
nicht ignorieren«, sagte Herbst 1989 ein deutscher
Kommunist. »Denn sie sind so ziemlich das einzige,
was wir haben.«

26

Seit dem 18. Oktober 1989 leben in der DDR fast nur
noch Opfer des Stalinismus oder langjährige Be-
fürworter von politischen Reformen. Für viele von
ihnen gibt es einen neuen Namen, Wendehals. Dieser, Angehöriger einer zu den Spechten gezählten
Vogelgattung, Iynx, auch Natterwendel, Otterwin-
del, Halsdreher oder Drehhals, hat, laut Großem
Brockhaus, seinen Namen »von den seltsamen Hals-
verrenkungen und Gebärden, die manchmal an
Schlangenwindungen erinnern«. Die Tiere ernäh-
ren sich, »indem sie mit ihrer langherausgestreckten
klebrigen Zunge in Ameisenhaufen herumrühren
und die festgeklebten Insekten verzehren«.

27

In einem längeren Gespräch für die Zeitung Neues Deutschland sagte der damals noch Stellvertretende DDR-Kulturminister Klaus Höpcke, zwei Jahrzehnte lang verantwortlich für das Erscheinen und Nichterscheinen von Büchern in der DDR: »Im Umgang mit schriftstellerischer subjektiver Authentizität können alle gesellschaftlichen Kräfte unseres Landes einüben, was als Grundmuster gesellschaftlichen Verhaltens durchgesetzt werden muß, wenn wir erreichen wollen, daß menschliche Individualitäten sich bei uns in allen Bereichen spürbar erweitert und vertieft entfalten können. Spontaneität, phantasievolle Einfallsvielfalt sind nicht so etwas wie feindliche Gegenpole des Bewußtseins und der Organisiertheit, sondern in Wechselwirkung gehören beide zum Reichtum des Lebens.« Gemeint ist: Freiheit in der Kunst hat Modellcharakter. Mit Rücksicht auf seine eigene Biographie wurde das von Klaus Höpcke so nicht gesagt.

28

Für das Verhältnis von Geist und Macht auf deutschen Boden steht die vom Präsidium des DDR-Schriftstellerverbandes einstimmig verabschiedete Resolution, in welcher der DDR dringlich revolutionäre Reformen anempfohlen wurden genau zu jenem Augenblick, da sich diese zu ereignen begannen.

29

Eines der auf den spontanen Massendemonstrationen in Berlin und Leipzig mitgeführten Transparente zeigte die Aufschrift: »Daß ich das noch erleben darf«.

30

Eher aus Neugierde geriet ein junger Arbeiter in
eine kirchliche Veranstaltung, wo man über die Ereignisse auf dem Pekinger Tienanmenplatz redete.
Als er aus dem Portal trat, eine weiße Nelke in Hän-
den, wurde er zu einer Ordnungsstrafe von mehreren hundert Mark verurteilt. Während einer Demonstration am Prenzlauer Berg am 7. Oktober 1989
wurde einem jungen Mädchen von Ordnungskräf-
ten eine brennende Kerze aus der Hand geprügelt,
mit dem Gummiknüppel. Bei dem gleichen Anlaß
wurde ein Ehepaar, das sich unbeteiligt in der Nähe
aufhielt, festgenommen, mit einem Polizeilastwa-
gen abtransportiert und zu einem Gebäude verbracht, wo sich beide Menschen entkleiden mußten.
Die Frau wurde geschlagen. Als ihr hinterher niemand glauben mochte, bot sie sich an, ihr Gesäß zu
entblößen und die Blutergüsse vorzuweisen. Prügel
wurden häufig verabreicht, um Festgenommene auf
Transportfahrzeuge zu treiben. Eines der Gebäude,
in das man sie anschließend brachte, befand sich in
der Immanuelkirchstraße. Es wird berichtet, die
Festgenommenen seien beim Betreten des Gebäu-

des von Polizeiangehörigen zum Laufschritt befohlen und dabei mit Gummiknüppeln geschlagen worden. Übereinstimmend erzählen sie von stundenlangem Stehen in der sogenannten Fliegerhaltung, das ist: mit ausgestreckten und ausgebreiteten Armen, Handflächen an der Wand, und mit gespreizten Beinen. Wer nicht die vorgeschriebenen Abstände herstellte, wurde in die Waden getreten. Das Stehen und Warten in dieser Haltung konnte sechs Stunden dauern und mehr. Wer zusammenbrach, wurde verprügelt oder ausgelacht, in Ausnahmefällen durfte er niederknien. Der übliche Verkehrston der Ordnungskräfte war Gebrüll. Es fielen Worte wie »Schnauze halten«, »Pack«, »Neger«, »Schweine« und, als jemand seine Notdurft verrichten wollte: »Schiffen Sie sich in die Hosen.« Jemandem wurde der Kopf in die Mülltonne gesteckt, mit der Bemerkung: »Bleib da, wo du hergekommen bist.« Ein junger Mann mit gebrochener Hand wurde wiederholt auf eben diese Hand geprügelt. Ein junger Mann mit Punk-Frisur wurde geschlagen, bis er ohnmächtig war. Versuche zur Hilfeleistung der Festgenommenen untereinander wurden gleichfalls mit Prügel beantwortet. Eine Frau wollte eine Freundin schützen, die im vierten Monat schwanger war, Polizisten schlugen sie, auch die Schwangere und, als sie von der Schwangerschaft erfuhren, auf deren Unterleib. Die Verweildauer bei den Festnahmen konnte bis zu 32 Stunden betragen. Bei einer Person erfolgte unmittelbar anschließend eine Entschuldigung, weil es sich um die Tochter einer Prominenten handelte.

44

Der Vertreter der Generalstaatsanwaltschaft bemängelte, daß die Gedächtnisprotokolle der Festgenommenen häufig keine Unterschrift trügen. Der Generalstaatsanwalt Günter Wendland sagte öffentlich: »Die Gewalt ging nicht von der Polizei aus, die Gewalt richtete sich gegen die Polizei.« Pinochet am Prenzlauer Berg. Faschismus in den Farben der DDR.

31

Der DDR-Schriftsteller Hein gab einer in Hamburg erscheinenden Zeitschrift ein Interview, wo er seine die Zukunft des Landes DDR betreffende optimistische Sicht mit der Feststellung begründete, der Opportunismus sei dort eine »große Produktivkraft«. Er vergaß hinzuzufügen, daß es noch andere große Produktivkräfte dieser Art gibt: Korruption, Kriminalität.

32

Wissen wir überhaupt, was Sozialismus ist?« fragte, zweiundsiebzig Jahre nach der Großen Sozialistischen Oktoberrevolution, Stanislaw Schatalin, Mitglied der Akademie der Wissenschaften der UdSSR.

33

Berliner Zeitung Nr. 257/89: »Da steht ein Eigen-
heim kurz vor seiner Vollendung: Zwei Etagen mit
reichlich 200 m² Wohnfläche, zehn Räume, Gas-
heizanlage, Bäder und Duschen, die Fenster sind
BRD-Import, ein zweistöckiger Wintergarten ist im
Entstehen ... Dieses Typenprojekt des WBK Erfurt
entsteht entsprechend einer Festlegung des dortigen
Bezirksbauamtes und des FDGB-Bundesvorstan-
des ... Der Bauherr heißt Gerhard Nennstiel. Er ist
Vorsitzender des Zentralvorstands der IG Metall.«
Gerhard Nennstiel wurde umgehend aus seiner
Funktion entfernt. Es wurde ein Ermittlungsverfah-
ren gegen ihn angestrengt wegen Amtsmißbrauchs
und Korruption. Im Frühjahr 1990 meldete die Berli-
ner Zeitung, wie andere Blätter, das Verfahren gegen
Gerhard Nennstiel sei eingestellt.

34

Bei der großen Demonstration in Berlin, Hauptstadt der DDR, die am Mittag des 4. November stattfand, führte der Menschenzug vorüber am Gebäude
des Staatsrats der DDR. Dort standen, etwas erhöht,
einige Pantomimen. Sie imitierten das Verhalten
der Partei- und Staatsführung anläßlich früherer,
befohlener Demonstrationen. Sie winkten, matt
lächelnd, den Vorüberziehenden zu. Sie hielten eine
welke Blume in der Hand. Manchmal hoben sie
müde die rechte Faust, zum Rot-Front-Gruß. In

Anlehnung an den früheren Brauch, die Partei- und Staatsführung bei solchen Anlässen hochleben zu lassen, wurde jetzt gerufen: »Das Volk, es lebe –«. Das Volk ergänzte: »Hoch! Hoch! Hoch!« Die Pantomimen beugten sich herab und reichten den Leuten die Hand.

35

Bei der großen Demonstration in Berlin, Hauptstadt der DDR, die am Mittag des 4. November stattfand, erhielt den weitaus meisten Beifall ein großes Plakat, das den neuen Partei- und Staatschef der DDR zeigte, mit Wolfsohren, einer Schlafmütze, lachend mit weißem Gebiß, darunter die Aufschrift: »Großmutter, warum hast du so große Zähne?« Bei der abschließenden Kundgebung, die das Fernsehen der DDR direkt übertrug, sprach der Rektor einer Filmhochschule gegen Maßnahmen der Zensur. Es erschien vor ihm das Bild mit dem Rotkäppchenzitat. Ehe die Fernsehzuschauer es hätten erkennen können, schnitt die Übertragung auf eine andere Kamera, bei der das Plakat nicht zu sehen war. In genau diesem Augenblick verlas der Redner seinen Protest gegen willkürliche Eingriffe der Zensur im Film und im Fernsehen durch Schnitte.

Am Abend des 4. November 1989 ging Bundeskanzler Kohl, zum Zeichen seiner Verbundenheit mit den Ereignissen in der DDR, in Göttingen auf die Straße, begleitet durch Angehörige der Jungen Union. Man trug brennende Kerzen. Sie waren mit Manschetten versehen. Die Flamme mußte nicht eigens geschützt werden, da es sich um prozessionstaugliche Produkte handelte. Hingegen waren jene Kerzen, die am gleichen Tage in Ost-Berlin getragen wurden, unansehnlich und krumm. Stearinbäche flossen aus ihnen, ihre Flammen blies häufig der Wind aus. Sie hatten den Kerzen in Göttingen den Vorzug der Wahrheit voraus.

37

Der neue SED-Generalsekretär Egon Krenz versprach der DDR eine Wende. Das Wort ist vorbelastet wegen seiner Benutzung durch Helmut Kohl, der, nachdem er Bundeskanzler geworden war, sein Regierungsprogramm eines fortschreitenden Sozialdarwinismus damit benannte. Ob die Verwendung durch Egon Krenz und dessen Nachfolger daran erinnern sollte oder nicht, sie erinnert daran. »Die Bed. von *wenden* geht auf ›winden machen‹ zurück«, schreibt das »Etymologische Wörterbuch der deutschen Sprache« von Kluge/Götze, 16. Aufl., Berlin 1953. Zur Wortfamilie gehöre auch das Partizip »gewandt«. Es bedeute: »irgendwie beschaffen«.

38

Als die Regierung der DDR die Grenzen öffnete, dem massenhaft angestauten Wunsch ihrer Bewohner nach Freizügigkeit in Richtung Westen nachzugeben, tadelte die DDR-Oppositionspolitikerin Bärbel Bohley, die 1988 ein halbes Jahr in Westeuropa gelebt hatte, diese Maßnahme als überstürzt und den betroffenen Menschen nicht zuträglich.

39

Bereits während der siebziger Jahre sang der Autor-Interpret Biermann in einem Lied: »Sindermann/ Du bist ein blinder Mann/Du richtest nur noch Schaden an.« Am 15. November 1989 schrieb eine in Frankfurt am Main erscheinende Zeitung: »Horst Sindermann, der bisherige Volkskammerpräsident, dem vorgeworfen wurde, in einer für das Land komplizierten Situation die Einberufung einer vielfach geforderten Tagung der Volkskammer hinausgezögert zu haben, wußte nichts anderes zu sagen als, es sei eine Lage entstanden, ›die uns alle überrascht hat‹ und auf die man zu jener Zeit keine Antwort gewußt habe.« Es brauchte beinahe zwei Jahrzehnte, bis sich, seine Person betreffend, die Wirklichkeit zur Dichtung bekannte.

40

Die durch den diskreten Charme der Nomenklatura verursachte völlige Ratlosigkeit der westdeutschen SPD angesichts der Zustände in der DDR nannte der CDU-Politiker Rühe einen »Wandel durch Anbiederung«. Er hatte kein moralisches, doch ein sachliches Recht, so zu reden.

41

Was für ein Unsinn ist es«, schrieb eine sowjetische Jugendzeitung, »darüber zu streiten, wie man am besten lebt: unter dem Kapitalismus oder dem Sozialismus. Wo doch unter dem Sozialismus bis jetzt keiner wirklich gelebt hat.«

42

Die Angehörigen eines im Berliner Randgebiet angesiedelten Volkseigenen Betriebes für Gebäudewirtschaft, etliche von ihnen Mitglieder der Staatspartei SED, waren Verwalter der Mangelware Wohnung. Am Morgen des 10. November 1989, unmittelbar nach Wiedereröffnung der Innerberliner Grenze, blieben die Geschäftsräume geschlossen. Sie mußten gewaltsam geöffnet werden. Die Eintretenden trafen auf große Mengen von Flugasche. Die Mitarbeiter hatten während der Nacht ihre sämtlichen Unterlagen verbrannt, unmittelbar vor ihrer Flucht in den deutschen Westen. Die deutsche Einheit realisiert sich ehestens auf dem Markte der Immobilien.

43

Am Abend des 8. November 1989 verlas die DDR-Schriftstellerin Christa Wolf im Programm des DDR-Fernsehens eine Erklärung. Darin forderte sie fluchtwillige Landsleute zum Bleiben auf, indem sie ihnen für die Zukunft »ein interessantes Leben« versprach. Kennzeichen der SED, der die Autorin vor mehr als drei Jahrzehnten beitrat, war es immer, daß sie Versprechen abgab, die sich nicht halten ließen.

44

Als am Abend des 9. November 1989 die Berliner Mauer fiel und Menschen, Sektflaschen in der Hand, die neue Freiheit genossen, jubelnd, trinkend, die Flaschen zu Scherben schlagend, begab sich in Leipzig eine Demonstration, in Gedenken an den 9. November 1938, wo, während der sogenannten Reichskristallnacht, jüdische Fenster zu Scherben zerschlagen wurden, womit das blutige Ende der deutschen Judenheit begann. Unbeeindruckt von den freudigen Nachrichten aus Berlin setzten die Leipziger an diesem Abend ihren Umzug fort.

45

Ein in Moskau lebender westdeutscher Diplomat begab sich zu einem Empfang sowjetischer Politiker am Tag nach Öffnung der Berliner Mauer. »Ich hatte erregte Gespräche erwartet«, berichtete er später.

»Statt dessen schienen alle sehr gelassen. Sie sprachen ausgiebig nur über das Wetter.«

46

Ein hauptberuflicher Mitarbeiter der Staatssicherheitsbehörde in der DDR erzählte in angetrunkenem Zustand, daß, bei der Vorbereitung auf die zu erwartenden Unruhen am 7. Oktober 1989, ihm und seinen Genossen Prämien ausgelobt worden seien: für zugeführte, also festgenommene Demonstranten, außerdem für körperlichen Einsatz der eigenen Person. Ein zusätzlicher Anreiz bestand darin, daß die Prämien in harten Valuten ausgezahlt werden sollten. Wie bei den Söldner-Truppen in Ländern Afrikas und Lateinamerikas erfolgte also, um optimale Ergebnisse zu erzielen, die Entlohnung nicht in der maroden Währung des betreffenden Landes, sondern in einer stabilen und konvertiblen des Spätkapitalismus.

47

Bei dem auf die Öffnung der Mauer folgenden Ansturm von DDR-Besuchern auf West-Berlin bildeten sich dort zeitweilig die längsten Kundenschlangen vor Geschäften mit pornographischen Erzeugnissen und Hilfsmitteln für den Geschlechtsverkehr.

II Tränen der Revolution
November '89 bis März '90

1

Am Vormittag des 18. November 1989 erzählte eine
ältere Frau aus Leipzig, ihr Sohn sei vor wenigen
Jahren aus DDR-Haft in die Bundesrepublik verkauft
worden, für die Summe von vierzigtausend D-Mark.
Mit Blick auf die verkommenen Fassaden ihrer Heimatstadt fragte sie: »Was haben die mit dem Geld
nur gemacht?«

2

Er kam aus niederen Verhältnissen. Durch Intelligenz, Witz wie auch die nötige Skrupellosigkeit
gelang ihm der Aufstieg, bis er das Ohr der Mächtigsten hatte. Er diente ihnen. Zugleich erwarb er sich
öffentliche Popularität, daß er sie in seinen Schriften
manchmal verhöhnte. Er war ein begabter Schriftsteller. Er war geld- und ruhmsüchtig. Beim Aus-
wechseln von Spitzenpolitikern gelang es ihm, sich
rechtzeitig an die Seite des einflußreichsten zu wit-
zeln. Prinzipien einer allgemeinen Moral galten
ihm nichts, um so lauter verkündete er sie in seinen
poetischen Texten. Zuletzt verkam sein Talent. Bei
dem alles entscheidenden politischen Umsturz in
seinem Lande verlor er jeglichen Einfluß, trotz seiner verzweifelten Bemühung, sich auch hier anzudienen. Er hatte sich zu sehr kompromittiert, Verach-
tung und Haß schlugen ihm entgegen, es blieb ihm,
das nackte Leben zu retten. Pierre Augustin Caron
de Beaumarchais starb am 18. Mai 1799 in Paris, sie-
benundsechzig Jahre alt.

3

Als ab Mitte November 1989 die Innerberliner
Grenze durchlässig geworden war, äußerte ein SED-
Mitglied, seine Partei stehe mit dem Rücken zur
Wand. Auch hier hatte das Bild seine eigene Wahr-
heit. Der Sprecher sagte dies beim Anblick eines
Baggers, der soeben Teile der Mauer zum Einsturz
brachte.

4

Bereits bei der Berliner Massendemonstration des
4. November 1989 wurde ein Transparent gezeigt mit
der Aufschrift »Wer war Egon Krenz?«

5

Der Sturm auf die Bastille, mit dem 1789 die Französische Revolution begann, endete damit, daß die
Mauern der Zwingburg geschleift und in handliche
Teile zerlegt wurden, die dann, von geschäftstüchti-
gen Händlern vertrieben, reißenden Absatz fanden.
Der Abbruch der Berliner Mauer, zweihundert Jahre
danach, sah wiederum Sammler und Händler von
Erinnerungsstücken aus Trümmern des Bauwerks.
Hier wie dort waren es nicht die Revolutionäre, die
von der Revolution profitierten, sondern die Kauf-
leute.

6

Nachdem er soeben von Ost-Berlin in eine der reichsten Diözesen der Welt gewechselt hatte, jene zu Köln, ermahnte Joachim Kardinal Meißner die Katholiken der DDR, ihr Land nicht zu verlassen.

7

Am 16. November 1989 meldete die DDR-Nachrichtenagentur ADN: »Alle personengebundenen Jagdgebiete jeglicher Art sind aufzulösen. Alle Sonderjagdgebiete, die durch Organe der Kreise und Bezirke errichtet wurden, oder Sonderregelungen für bestimmte Personen in bestehenden Jagdgesellschaften sind mit sofortiger Wirkung aufzulösen beziehungsweise aufzuheben.« Das sehe »eine Verfügung des amtierenden Landwirtschaftsministers« vor. Zu den Kennzeichen des Feudalismus in Europa gehörte das ausschließlich den Herrschenden zustehende Jagdrecht oder Jagdregal, welches ein persönliches Privileg des Landesherrn oder der von ihm beauftragten Personen war. Die daraus entstehenden Belastungen besonders für die ländliche Bevölkerung waren erheblich. Die feudalistischen Jagdvorrechte wurden beseitigt durch die bürgerliche Revolution.

8

Bezüglich der Ereignisse rund um den 7. Oktober 1989 lehre das Leben, daß politische Konflikte nicht mit dem Strafrecht gelöst werden könnten. »Daß ich

das nicht rechtzeitig genug erkannte, ist meine Verantwortung, für die ich einzustehen habe, auch im
Sinne der Staatsanwälte, die unter meiner Leitung
gearbeitet hatten«, sagte am Morgen des 18. November 1989 vor der Volkskammer der Generalstaatsanwalt der DDR, Günter Wendland, und blieb zunächst in seinem Amt.

9

Der letzte bulgarische Zar besaß vier Villen«,
äußerte zum Leben des Führers der Kommunistischen Partei in seinem Land, der bulgarische Abge-
ordnete Slavtscho Trinski, »Schiwkow besaß dreißig.«

10

Am 19. November 1989 wurde während eines Bür-
gerforums in Leipzig die Mitteilung gemacht, als
Folge der starken Umweltbelastungen in der Stadt
sei die durchschnittliche Lebenserwartung ihrer
Bewohner um zehn Jahre niedriger als die der übrigen Menschen in der DDR.

11

Am 23. November 1989 wurde das ehemalige SED-
Politbüro-Mitglied Günter Mittag in der Folge eines
Parteiverfahrens wegen »schwerwiegender Verstöße«
und seiner »Verantwortung für die gegenwärtige

Lage« aus der Sozialistischen Einheitspartei Deutschlands ausgeschlossen. Daraufhin empörten sich verschiedentlich Einwohner der DDR darüber, daß ein Mensch mit solchen Verfehlungen ihren Reihen, denen der Parteilosen, zugemutet werden könne.

12

Am 23. November 1989 teilte der Leiter des Amtes für Nationale Sicherheit, Generalleutnant Schwanitz, mit, man werde die Staatssicherheitsbehörden »um etwa 8000 Mitarbeiter reduzieren«. Gleichzeitig war zu vernehmen, eine bisher öffentlich nicht in Erscheinung getretene Industriegewerkschaft staatlicher Angestellter bestehe auf Arbeitsschutz und damit auf der ordentlichen Vermittlung sämtlicher aus dem Behördendienst entlassenen Arbeitnehmer. Hier wäre zu erwägen, ob die Außenhandelsfirmen des früheren DDR-Staatssekretärs Schalck-Golodkowski, bisher schon tätig beim Verkauf von Kunstgegenständen, Antiquitäten, historischen Pflastersteinen, Entwicklungshelfern und Waffen, sich der 8000 Entlassenen annehmen sollten. Gegen entsprechende Provision, auf Dollarbasis, könnten sie als Legionäre in Krisengebiete Lateinamerikas und der Dritten Welt vermittelt werden. Das Verfahren hätte außer einem kommerziellen und arbeitsrechtlichen auch noch jenen Vorteil, daß man der Sache des Antiimperialismus diente, denn die derart vermittelten Kräfte wären, ausweislich ihrer verfehlten Einsätze

um den 7. Oktober 1989 in der DDR, garantiert unfähig, eine Volkserhebung niederzuschlagen.

13

Seit November 1989 hat das Zentralorgan der SED,
Neues Deutschland, zunächst seine Inhalte, dann
seine Aufmachung, zuletzt sein Impressum geän-
dert. Verschiedene der durch ihre vorherige publizi-
stische Tätigkeit belasteten Personen sind im Ver-
zeichnis der Redakteure nicht mehr vertreten. Wer
sich nach ihrem Schicksal erkundigt, kann erfahren,
daß sie nicht etwa entlassen wurden, vielmehr unter
geändertem Namen weiterhin für das Blatt schreiben.

14

Neulich«, sagte ein Schriftsteller aus der DDR,
»begegnete mir ein DDR-Forscher, Mitarbeiter bei
einer westdeutschen Universität. Er machte sich Sorgen um seine berufliche Zukunft: Einen Forschungs-
gegenstand namens DDR würde es bald nicht mehr
geben. Seine Mitteilung stürzte mich in tiefes Nachdenken. Nicht nur der DDR-Forscher dürfte es hinfort
in seiner Berufsausübung schwerer haben, sondern,
beispielsweise, auch der DDR-Künstler. Natürlich«,
sagte der Schriftsteller, »habe auch ich persönlich
unter den Zuständen des Spätstalinismus gelitten.
Ich habe gegen sie erst geschrieben, später demon-
striert. Nun, da sie abgeschafft sind, erkenne ich,

daß mir ein langjähriger Schreib- und Lebenszweck abhanden kam. Überdies«, sagte der Schriftsteller, »traure ich dem Privilegium nach, daß ich Westreisen schon seit längerem problemlos absolvieren konnte, im Gegensatz zur Mehrheit meiner Leser. Ich redete mir ein, unter diesem Privilegium auch zu leiden, doch mein Leiden war süß. Außerdem geriet ich durch die Reisen in den Besitz von Kenntnissen, die meine Leser nicht erlangen konnten, es sei denn durch mich, weshalb sie genötigt waren, meine Bücher zu kaufen. Dieses Motiv fällt nun fort. Gleichzeitig«, sagte der Schriftsteller, »gibt es in der DDR keine öffentlichen Gelder mehr für Lesungen, für Stipendien, es gibt keine öffentlichen Aufträge mehr, die Gesellschaft muß sparen. Ich weiß inzwischen, daß der Spätstalinismus auf vielfache Weise die Voraussetzung meiner gesamten Existenz war, doch so lange er das war, habe ich niemals darüber nachgedacht. Nunmehr«, sagte der Schriftsteller, »versuche ich mir meine berufliche Zukunft vorzustellen. Einen Roman über die Mißlichkeiten des Lebens unter Honecker werde ich kaum mehr schreiben. Der Skandal-Wert ist dahin, die Fakten stehen, aktueller, kürzer, auch bequemer zu lesen, in allen Zeitungen. Selbst die komfortablen Umstände eines Westexports meiner Person und meiner Bücher sind dahin. Wiederum fehlt der Skandalwert. Überhaupt fehlt der DDR-Bonus. Keine durch öffentliche Polemik in den DDR-Medien verursachte Aufregung mehr. Nirgends mehr Mitleid wegen heimlich erduldeter Leiden. Keine öffentlichen Klagen mehr wegen Verfolgung durch den Stalinismus. Ich bin ein Autor wie andere. Die westdeutschen Schriftsteller hingegen, jahrelang bedrängt von unserer unbilligen, da uneinholbaren Konkurrenz, sind geübter im freien Wettbewerb als wir, Gewächse der Planwirtschaft, sie haben uns das Training voraus. Die frühere Demütigung aber werden sie uns kräftig heimzahlen. Eigentlich«, sagte der Schriftsteller, »fühle ich, schon seit längerem, eine tiefe Sehnsucht nach den Zuständen des Spätstalinismus unter Honecker.«

15

Ende November 1989 fragten Abgesandte einer Einheit des vormaligen Ministeriums für Staatssicherheit einen Autor, der zehn Jahre zuvor aus dem Schriftstellerverband der DDR ausgeschlossen worden und seither verfemt war, ob er bereit sei zu einer Lesung bei dieser Einheit. Auf die erstaunte Frage, wieso man ausgerechnet ihm ein solches Angebot unterbreite, wurde ihm entgegnet, man habe doch alle seine Schriften zur Kenntnis genommen.

16

In der Carl von Ossietzky-Oberschule, Berlin-Pankow, gab es eine in ihren Veröffentlichungen allein der Schüler-Verantwortung unterstellte Wandzeitung. Dort hing am 12. September 1988 ein Beitrag, der nach dem Sinn von Militärparaden in der DDR fragte. Der Forderung, eine ebensolche Veranstaltung zum DDR-Nationalfeiertag, dem 7. Oktober 1988, nicht stattfinden zu lassen, schlossen sich insgesamt 37 Schüler an. Die weitere Sammlung von Unterschriften wurde durch den Schuldirektor untersagt. Kurz darauf hing an der Wandzeitung ein dem Blatte »Volksarmee« entnommenes Gedicht, worin ein Soldat seine Liebe zu seiner Maschinenpistole vom Typ Kalaschnikow mitteilte mit diesen Worten: »Ich streif mit dir zur Mondesnacht/dein Anblick mich ganz sicher macht.« Die Schüler hatten die Verse mit der Anmerkung versehen, hier sei ein Text, der »uns zum Nachdenken angeregt hat«. Die Schüler wurden daraufhin zu »vertrauensvollen Gesprächen« in das Büro des Direktors bestellt. Versammelt waren außer dem Schulleiter noch der Parteisekretär und verschiedene Lehrer. Man habe ihre »Gesinnungen prüfen« wollen, sagte eine der Betroffenen. »Es war eine Situation, wo man sich völlig in die Enge gedrängt fühlte.« Gegenstand der Gespräche war die politische Einstellung der Schüler zum Staat DDR. »Jedes Wort«, sagte einer der Betroffenen, »konnte mir im Munde rumgedreht werden, was ja später auch passiert ist.« Eine anwesende Klassenlehrerin entsetzte sich, daß die Gespräche »fast in Verhöre ausarteten«. Es geschah, daß eine der Schülerinnen »in Tränen ausbrach«. Die Lehrerin sagte: »Mir wurde erst im nachhinein klar, daß diese Gespräche nur benutzt wurden, um Material zu haben, das man gegen die Schüler ins Feld führen konnte.« Das Material diente zum Anlaß, die Betroffenen zur

Ausschlußsitzung der Jugendorganisation FDJ zu bestellen. Hierbei anwesend waren außer den Mitgliedern der jeweiligen FDJ-Gruppe der Schulleiter und Vertreter der Schulinspektion. Einer Klassenlehrerin wurde zuvor aufgetragen, die Schüler so weit zu bringen, daß sie für den Ausschluß aus der FDJ stimmten. Als die Lehrerin sich weigerte, sagte die Schulinspektorin: »Ich warne dich.« Während der Sitzung wurden aus dem Protokoll der früher geführten, eigentlich vertrauensvollen Gespräche Äußerungen vorgetragen, die so niemals getan worden waren. Der daraus abgeleitete Vorwurf lautete auf »antisozialistische Plattformbildung im Blauhemd«. Die zu rascher Entscheidung gedrängten Mitglieder der FDJ-Gruppen zögerten. Daraufhin wurden sie vom Schulleiter ermahnt: »Sie wollen doch alle Abitur machen.« Als eine der Schülerinnen auf ein persönliches Gespräch mit den Betroffenen drängte, sagte der Vertreter des FDJ-Zentralrats, des höchsten Gremiums der Gesamtorganisation, man suche »eine schnelle Entscheidung«. Über die Ausschlüsse wurde abgestimmt. Zumeist fanden sie die Billigung der Schüler. Nur in einem Falle fehlte die von den Statuten geforderte Mehrheit von zwei Dritteln. Der Vertreter des FDJ-Zentralrats sagte: »Es ging nur darum, einen Vorlauf für die Relegation zu schaffen.« Die Entscheidung darüber wurde am 30. September 1988 mitgeteilt. Eine Vollversammlung war einberufen, die Schüler standen, wie zum Appell üblich, beieinander in Hufeisenform. Der Schulleiter trat in die Mitte. Er verlas eine Art Anklageschrift. Die Vorwürfe lauteten: Angriffe gegen die sozialistische Gesetzlichkeit, staatsfeindliche Aktivitäten, antisozialistisches Verhalten. Jeder Beschuldigte mußte einzeln vortreten. Er hörte sein Urteil und hatte die Schule unmittelbar danach zu verlassen. Insgesamt wurden vier Schüler relegiert, zwei an andere Schulen zwangsversetzt. »Wir gingen wie gelähmt in unsere Klassen«, sagte ein Lehrer. »Aber die Ordnung war wieder hergestellt.« Die Abstrafungen an der Carl von Ossietzky-Schule wurden in Berlin rasch bekannt. Es gab Proteste von Kirchenleuten und Künstlern. Es erfolgten Eingaben bei den damals höchsten Repräsentanten des Staates. Alles blieb ohne Erfolg. Bald ließ sich auch erfahren, die Abstrafung der Schüler sei noch längst, ehe die Schule sich dazu hätte äußern können, durch die damalige Volksbildungsministerin verfügt und vom FDJ-Zentralrat beschlossen worden. »Ich hätte auch versuchen können, die Schule in den Kampf zu führen«, sagte der Schulleiter. »Ein Direktor allein gegen das Ministerium für Volksbildung?« Ein Jahr später, nach der sogenannten Wende in der DDR, wurde die Angelegenheit neu bedacht. Der unmittelbar verantwortliche Staatssekretär im Volksbildungsministerium trat zurück. Die Volksbildungsministerin demissionierte mit der gesamten Regierung. Die neue politische Führung entschied, daß es hinfort keine Militärparaden mehr geben würde. Der amtierende Volksbildungsminister verfügte die völlige Rehabilitierung der sechs Schüler. Einer von ihnen lebte inzwischen in Großbritannien. Eine

Schülerin sagte, was sie in diesen zwölf Monaten an Krisen durchlitten habe, könne nicht wieder gutgemacht werden. Das Fernsehen der DDR sendete einen dokumentarischen Film über den Fall. Auch jetzt noch nicht erwähnt wurde der damalige Ossietzky-Schüler Krenz, Sohn des langjährigen SED-Politbüro-Mitglieds, des späteren SED-Generalsekretärs und DDR-Staatsratsvorsitzenden Egon Krenz.

17

Als im Jahre 1979 in der DDR durch einen in den Zeitungen abgedruckten denunziatorischen Brief des Autors Dieter Noll an Erich Honecker eine öffentliche Kampagne gegen mehrere Schriftsteller des Landes begann, endend mit deren Ausschluß aus dem Berufsverband, war einziger prominenter Künstler, der Dieter Noll mit einer öffentlichen Erklärung unterstützte, der Tenor Peter Schreier. Auch später verkehrte er mit Erich Honecker gern. Zuletzt sang er ihm vor bei einem Festkonzert zum 7. Oktober 1989, dem vierzigsten Jahrestag der DDR-Gründung. Am 23. November 1989 wurden die zehn Jahre zuvor ausgeschlossenen Autoren vom DDR-Schriftstellerverband in aller Form rehabilitiert, mit der Erklärung, ihnen sei ein Unrecht geschehen, das sich nicht wieder gutmachen lasse. Der Tenor Peter Schreier setzte auf das kurze Gedächtnis der Zeitgeschichte. Er ließ durch das Fernsehen der DDR ein von ihm produziertes Stabat mater senden.

18

Richard Schulz, Antifaschist, Schuldezernent in Potsdam, 49 Jahre alt, wurde März 1948 wegen des Straftatbestandes der trotzkistischen Tätigkeit verhaftet und verurteilt. Fast sechs Jahre verbrachte er als Insasse eines Straflagers in Karaganda, UdSSR. Von dort kehrte er mit Lähmungen an beiden Beinen Ende 1953 zurück. Die einzige Arbeitsstelle, die man ihm jetzt anbot, war die eines Nachtwächters. Die ihm zustehende Rente als Antifaschist wurde ihm aberkannt. Vier Jahre lang versuchte er, bei den dafür zuständigen Personen und Behörden in der DDR seine Rehabilitierung zu betreiben, ohne Erfolg. Er arbeitete als Mechaniker und Museumsführer bis zu seinem Tod, Juni 1979. Bereits im Juni 1958 hatte er an den Generalstaatsanwalt der DDR, Melsheimer, ehemaliges Mitglied des NS-Volksgerichtshofes von Roland Freisler, in einem Brief geschrieben:»Ich mußte am Schluß der Auseinandersetzung erkennen, daß es auch im Sozialismus keine Gerechtigkeit gibt, daß sie scheitert an der Unzulänglichkeit der Menschen und der Trägheit des Herzens . . . Fast vierzig Jahre habe ich als Funktionär in der kommunistischen Bewegung gearbeitet, habe als Genosse stets meine Pflicht getan, Gefängnis und Konzentrationslager erduldet und muß nun erkennen, daß die hohen ethischen Begriffe, die einst der sozialistischen Bewegung Auftrieb und Begeisterung gegeben haben, immer mehr verkümmern, schließlich eines Tages sterben.«

19

Das elektromagnetische Prinzip von Siemens und
die Verbrennungsmotoren von Otto und Diesel«,
sagt ein Automobil-Manager aus München, »haben
die Welt mehr verändert als die Theorien von Marx
und Lenin.«

20

Ein westdeutscher Zeitungsbericht am 17. November 1989 erzählt von »Schautafeln mit der Geschichte des Peter Fechter, der direkt neben dem Checkpoint Charlie eines grausamen Todes starb. Mit
einem Freund versuchte der Achtzehnjährige, die an
dieser Stelle unübersichtliche, aber gut bewachte
Sektorengrenze zu überwinden. Der Freund schaffte
es unverletzt. Peter Fechter brach von zwei Kala-
schnikow-Salven getroffen vor dem rettenden amerikanischen Sektor zusammen. Er schrie nach Hilfe,
röchelte, aber die Westberliner Polizisten trauten
sich nicht in den russischen Sektor, die DDR-Gren-
zer hatten ihrerseits Angst, beschossen zu werden,
wenn sie ihn zu holen versuchten. Peter Fechter ver-
blutete. Er war, am 17. August 1962, bereits der 38.
Tote an der Mauer. Das letzte, das 80. Opfer starb am
5. Februar 1989, zwei Monate vor der Aufhebung des
Schießbefehls.«

21

Einer der militantesten Stalinisten der DDR, der Journalist Hans Jakobus, erklomm am 25. November 1989 die Höhe des gründlich veränderten Zeitalters, als er, in einem Leitartikel für das SED-Zentralorgan Neues Deutschland, Stalin vor allem vorwarf, er habe seine führenden Militärs umgebracht.

22

Die bettelnde Forderung der gegenwärtigen DDR-Opposition an die SED, freie Wahlen frühestens erst im Herbst 1990 zu veranstalten, damit man Gelegenheit habe zur Vorbereitung, bedeutet so viel wie die Bitte der Sieger an die Besiegten, ihnen Zeit zu gewähren, damit sie sich organisieren können.

23

Seit die Memoiren der Bucharina als Buch vorliegen und sich daraus erfahren läßt, daß ihr Mann Erfinder des Begriffs vom »sozialistischen Realismus« ist, hat, besonders in Künstlerkreisen, das Mitgefühl für das grausame Schicksal des Stalin-Opfers Nikolai Bucharin deutlich nachgelassen.

24

Aus einem Zeitungsbericht vom 27. November 1989: »Alle Mißstände und Verfehlungen meiner Partei müssen aufgedeckt werden‹, forderte letzte Woche

bei einer Protestkundgebung auf dem Berliner Alexanderplatz ein SED-Mitglied. ›Als Genosse der SED
fühle ich mich mitschuldig gegenüber anderen Bürgern in diesem Land für die schlimmen Fehler, die
den Sozialismus in Frage stellen.‹ Während er
sprach, schwenkte die ferngesteuerte Kamera der
Stasi auf dem Dach des angrenzenden Kaufhauses
langsam die Menge der unangemeldeten Demonstration ab und blieb auf den Parteigenossen gerich-
tet, solange er das Wort führte.«

25

Aus einer Reportage über die Kreisstadt Quedlin-
burg, DDR: »Im Kreiskrankenhaus oben auf dem
Berg muten manche Behandlungszimmer wie Aus-
stellungsräume im Medizinmuseum an. Auf der
Intensivstation hängen die Patienten an Apparaten,
die, weil überaltert, eigentlich nicht mehr eingesetzt
werden dürften. In der Dialyse werden Nierenpati-
enten zur Blutwäsche auf Ohrensessel gesetzt – in
den engen Raum passen nicht genug Betten rein.
Ohnehin gibt es viel zu wenig Dialyse-Plätze.
›Manchmal‹, berichtet Chefarzt Klein, ›muß ich über
den Tod eines Patienten entscheiden, obwohl ich
ihm doch eigentlich helfen will.‹«

26

Vor dem Oktober '89 vertrat der Zweite Sekretär der
SED-Kreisleitung von Güstrow gegenüber der Forde-

rung nach Glasnost in der DDR die Ansicht: »Nur wer keinen festen Klassenstandpunkt hat, der schreit nach Informationen.« Nach dem Oktober 1989 wurde er in seiner Kreisleitung zum Ersten Sekretär berufen.

27

Das neue Gebäude für den Zentralvorstand der DDR-Staatsgewerkschaft FDGB, 1989 beendet, gelegen am Ost-Berliner Märkischen Ufer, ausgestattet mit Privaträumen, Sauna und *in door*-Swimming-pool für den inzwischen abgelösten FDGB-Vorsitzenden Harry Tisch, hat Mittel in einer Größenordnung gebunden, daß man damit, so jedenfalls die internen Berechnungen von Baufachleuten, den gesamten vorwiegend von Arbeitern, also Gewerkschaftsmitgliedern, bewohnten Stadtbezirk Prenzlauer Berg hätte sanieren können.

28

Aus dem Artikel eines DDR-Autors, erschienen im Neuen Deutschland vom 1. Dezember 1989: »1968 wurden alle Mitglieder des Schriftstellerverbandes aufgefordert, eine Resolution zu unterschreiben, in der die Rettung des Sozialismus durch den Einmarsch der Warschauer-Pakt-Staaten in die CSSR begrüßt wurde. Ich entzog mich dieser Pflicht, indem ich eine persönliche Erklärung meiner Weigerung über die Chefredaktion des ND an das Politbüro meiner Partei schickte. Die Antwort wurde mir in Form von Verhören durch die Parteifunktionäre im Schriftstellerverband zuteil. Das veranlaßte mich, die Kopie meines Schreibens zu verstecken. So daß ich sie heute nicht zur Verfügung habe, um sie in dieses Schreiben einzufügen. Aber ich werde die Suche nicht aufgeben.«

29

Ende November 1989 legten mehrere DDR-Buchhandlungen ins Schaufenster ihre noch vorrätigen Schriften des vormaligen SED-Generalsekretärs und Staatsratsvorsitzenden Erich Honecker, wobei sie, an der Stelle einer Preisauszeichnung, ein kleines Schild aufstellten mit der Aufschrift »alles umsonst«.

30

Eine westdeutsche Tageszeitung berichtet wiederholt über den Fall Bodo Strehlow: »Er ist jetzt 32 Jahre alt. Er wurde im April 1980 zu lebenslanger Freiheitsstrafe verurteilt, die er seither in Bautzen II verbüßt. Strehlow, dessentwegen sich auch westdeutsche Politiker bei den Behörden der DDR bemüht haben, war Mitglied der SED, hat 1975 das Abitur gemacht, verpflichtete sich, gegen die Zusage eines Studienplatzes in dem von ihm gewünschten Fach Physik, zu einem dreijährigen Dienst in der Volksarmee. Er leistete ihn bei der Marine, zuletzt war er auf einem Küstenwachboot. Dabei wurde er

Zeuge oder auch zwangsläufig Mitwirkender beim Abfangen von Flüchtlingen, die den Weg über die Ostsee nach dem Westen suchten. Die Vorgesetzten sollen Strehlow eröffnet haben, mit der Erfüllung seines Studienwunsches werde es nichts. Als das Schiff in der Nähe der westdeutschen Gewässer lag, nutzte Strehlow die vermeintliche Gelegenheit zur Flucht. Er sperrte die schlafende Mannschaft in ihren Quartieren ein und versuchte, das Schiff in Richtung Westen in Bewegung zu setzen. Die Mannschaft befreite sich, warf Handgranaten, wodurch Strehlow schwer verletzt wurde. Strehlow wiederum gab ungezielte Schüsse aus seiner Dienstpistole ab, die niemanden trafen. Wegen mehrfachen Mordversuchs sowie wegen Spionage (sie wurde gesehen in einer möglichen Überführung des Schiffes in den Westen) und anderer Delikte wurde Strehlow, der zur Tatzeit 22 Jahre alt war, zu lebenslanger Freiheitsstrafe verurteilt.«

31

Meldung der Nachrichtenagentur AP vom 4. Dezember 1989:»Nach der Öffnung der DDR-Grenzen sorgen sich bundesdeutsche Tierschützer um die arbeitslosen ›Mauerhunde‹. Der deutsche Tierschutzbund erklärte am Montag in Bonn, um die tausend Hunde vor einem ungewissen Schicksal zu bewahren, habe der Präsident der Organisation, Andreas Grasmüller, mit dem Berliner Tierschutzverein beschlossen, sich an der Pflege und Vermittlung dieser Hunde ›ideell und finanziell‹ zu beteiligen. Wie viele Wachhunde es im ganzen sind und wie viele von ihnen als ›Zivilisten‹ überhaupt noch taugen, wissen die Bonner Tierschützer nicht.«

32

Unmittelbar nach der Auflösung des Ministeriums für Staatssicherheit hörte ein DDR-Schriftsteller aus dem Munde seiner Wohnungsnachbarin: »Aber ich habe über Sie immer nur Gutes berichtet.«

33

Sechsunddreißig Jahre nach dem Tode von J. W. Stalin stellte die SED auf ihrem Sonderparteitag im Dezember 1989 fest: »Besonders schwer lastet auf uns, daß die Verbrechen der Stalinzeit noch nicht aufgeklärt, viele Opfer des Stalinismus noch nicht rehabilitiert sind . . . Es läßt sich noch nicht genau übersehen, wie groß der Personenkreis ist, der direkten Repressalien ausgesetzt war, aber wir müssen mit einer hohen Zahl rechnen.«

34

Während einer Diskussion im DDR-Fernsehen erklärte der Sprecher des DDR-Generalstaatsanwalts, bei sämtlichen Gerichtsverfahren der Vergangenheit seien die Staatsanwälte des Landes geschützt gewesen durch Weisungen, selbst wenn es dabei nach heutiger Auffassung um die Teilhabe an Unrechtshandlungen gegangen wäre. Zum Problem des Waffenexports äußerte derselbe Sprecher, die gleichzeitige Belieferung von Iran und Irak mit DDR-Kriegsmaterial während des Golf-Konflikts sei zu rechtfertigen, da bis heute niemand wisse, wer diesen Krieg begonnen habe.

35

Aus einem Zeitungsbericht vom 18. Dezember 1989: »Völlig schadstofffrei suchte ein Bauer aus Grevesmühlen im Bezirk Rostock die Grenze zu überqueren. Vorbei an einer Fahrzeugschlange ritt er auf einem Pferd zum Lübecker Grenzübergang Schlutup. Auf den Hintern des Gauls hatte der Bauer das Hoheitszeichen ›DDR‹ geklebt. Doch die Zöllner verweigerten den Grenzübertritt: Für das Pferd fehle ein tierärztliches Attest.«

36

Die sich erneuernde SED will sich, nach den Worten ihres Vorsitzenden Gregor Gysi, unter anderem berufen auf Traditionen des Pazifismus, mit dieser Einschränkung: »Mir gefällt daran nicht die Aufgabe des Rechts auf Selbstverteidigung.«

37

Die Gemeinde Mölbis bei Leipzig liegt in unmittelbarer Nähe der Braunkohleverschwelungsanlage Espenhain. Der Ort wurde durch ein Gutachten der

Vereinten Nationen als für Menschen unbewohnbar erklärt. Er hat 350 Einwohner. Die hier ansässigen Arbeitskräfte erhalten besondere finanzielle Zulagen. Der evangelische Gemeindepfarrer leidet nach etwas mehr als dreijährigem Aufenthalt unter chronischen Atemwegserkrankungen. Etwa zweimal im Jahr werden aus der Verschwelungsanlage während der Nacht giftige Abgase freigesetzt. Danach sind sämtliche Pflanzen in den Gärten von Mölbis abgestorben. Die Einwohner, denen ihre schwere gesundheitliche Schädigung bewußt ist, reden von sich selbst nur noch als von »Giftkindern«.

38

Symbol der politischen Veränderungen in der DDR sind die brennenden Kerzen geworden. Die Demonstranten setzen sie beim Vorbeimarsch auf die Simse öffentlicher Gebäude. Dort erinnern sie, den Beteiligten zumeist nicht bewußt – denn die DDR ist ein protestantisches Land, die meisten Demonstranten sind zudem Atheisten – an die Kerzenbänke vor Altären des Katholizismus. Die traurige Wahrheit dieses Symbols bedeutet, daß der Weltgeist von der hundertfünfzig Jahre alten Heilslehre des Karl Marx aus Trier sich abkehrt und wieder hinneigt zu jener zweitausendjährigen des Jesus Christus aus Nazareth.

39

Aus einem Zeitungsbericht vom 15. Dezember 1989, betreffend die Tätigkeit des einstigen Ministeriums für Staatssicherheit der DDR: »Unter der Kontrolle der Zentrale in der Berliner Normannenstraße operierten 16 Bezirksverwaltungen, die ihrerseits etwa 250 Kreis- und sogenannte Objektdienststellen mit meist 20 bis 30 hauptamtlichen Mitarbeitern steuerten. In der Zentrale und auf Bezirksebene waren etwa die Hälfte, auf Kreisebene sämtliche Bedienstete als Führungsoffiziere für das große Heer der Inoffiziellen Mitarbeiter oder Gesellschaftlichen Mitarbeiter Sicherheit tätig. Diese Spitzel, ihre Zahl wird auf nicht weniger als 100 000 geschätzt, machten die Stasi omnipräsent . . . Die Spitzel saßen überall: in den Betrieben, in der Armee, an den Universitäten, im Theater, der Kneipe. Die Schnüffler kontrollierten sogar den Partei- und Staatsapparat. Keine Karriereentscheidung, bei der die Stasi nicht mitzureden hatte. Wer reisen wollte, seine Kinder zum Abitur bringen, sie studieren lassen, ein Dissertationsthema ergattern wollte, der mußte sich erst Zuverlässigkeit attestieren lassen. Systematisch erarbeiteten die Dienststellen Analysen über die Stimmung der Bevölkerung. Ein Sachbearbeiter des Ministeriums faßte etwa alle vierzehn Tage rund hundert Informationsberichte der von ihm geführten Spitzel zu einem knappen, gegliederten Report zusammen. Die Aufzeichnungen wurden auf Kreisebene in einer Kartei gesammelt – der ›Vorsorge-Sicherungs-Hinweis-Kartei‹, kurz VSH.«

40

Am 21. Dezember 1989, dem 110. Geburtstag von Josef Wissarionowitsch Stalin, fand im Gebäude des Berliner Ensembles eine sechsstündige öffentliche Veranstaltung mit Schauspielern verschiedener Theater statt. In allen Fällen sollten dokumentierbaren Wahrheiten über den sowjetischen Diktator und Folgen seines Regiments gegenübergestellt werden die einst zu seinem Ruhme verfaßten literarischen Texte. Obwohl immer wieder von Toten, Ermordeten, unschuldig Verfolgten die Rede war, wurde zur häufigsten Reaktion der anwesenden Zuschauer das Lachen. Man trug ein weithin unbekanntes stalinkritisches Gedicht von Brecht vor. Das bekanntere Stalin-Lob aus Brechts »Erziehung der Hirse« wurde nicht zitiert. Der Vortrag von Stalin-Hymnen aus der Feder Johannes R. Bechers gelang den Schauspielern wirkungsvoller als der Vortrag von Tatsachen der Unrechtshandlungen und des massenhaftes Terrors, was macht: Die Schauspieler hatten das Lügen besser gelernt.

41

In seiner Zuschrift an eine in Berlin erscheinende Zeitung teilte ein DDR-Geschichtswissenschaftler mit, das Verfahren etwa eines Romanciers, ein Buch, das zum Zeitpunkt seiner Fertigstellung ohne Eingriffe durch die stalinistische Zensur nicht hätte erscheinen können, einige Jahre liegen zu lassen, bis es dann unverändert zu drucken war, habe die Wissenschaft für sich nicht übernehmen dürfen, denn für sie bedeute das Schweigen jedenfalls den Tod. Hieraus folgt, daß Leben für die Wissenschaft die Lüge bedeutet.

42

Ein DDR-Lyriker hatte Anfang November an mehreren gegen die alte politische Führung gerichteten Demonstrationen teilgenommen. Die Wochen danach, bis zum Jahresende, war er völlig untätig geblieben. »Ich kann nicht mehr schreiben«, äußerte er, »ich habe mich um meinen Gegner gebracht.«

43

Als nach Öffnung der innerdeutschen Grenze, auch die unmittelbar an der Demarkationslinie gelegenen DDR-Territorien wieder allgemein zugänglich wurden, entdeckte man, in einer Ortschaft unmittelbar an der Grenze zu Hessen, die Gebäude einer Synagoge und eines jüdischen Ritualbads. Die Synagoge hatte zuletzt als Scheune gedient. DDR-Zeitungen, die triumphierend über diesen Fund berichteten und sich zugleich über die vorgefundene Profanierung entsetzten, übersahen gänzlich, daß während der letzten achtundzwanzig Jahre die gesamte Region sich dem Geist jener Gebäude entsprechend verhalten hatte. Sie war ein Getto gewesen.

44

Da ist der Schulleiter«, sagte Ende 1989 ein Leipziger Theologiedozent, »der vor sechs Jahren einer begabten christlichen Schülerin sagte, er werde ihre Delegierung zum angestrebten Medizinstudium auf jeden Fall verhindern. Nun ist sie Krankenschwester geworden. Heute will der Schulleiter davon nichts wissen. Natürlich ist er noch in seinem Amte.«

45

Detlef S. hatte die damals für DDR-Studienbewerber förderliche Herkunft aus einer Arbeiterfamilie. Er durchlief das Bildungssystem seines Landes bis zum Abitur und meldete sich anschließend auf drei Jahre zum Dienst in der Nationalen Volksarmee, freiwillig. Er brachte es bis zum Rang eines Hauptmanns. Danach studierte er Medizin, er wurde Facharzt für Sozialhygiene. Er war Mitglied der SED. Im höchsten Leitungsgremium der Jugendorganisation FDJ wurde er über längere Zeit tätig als hauptberufliches Mitglied, mit Verantwortung für den Bereich Gesundheitswesen. Er »trimmte Krankenhauskollektive auf Parteilinie«, wie es über ihn hieß. Er bemühte sich um eine weitere Facharzt-Qualifikation, als Internist, er sollte nach abgeschlossenen Prüfungen Leiter der internistischen Abteilung in einer Poliklinik werden. Bis dahin arbeitete er als Assistenzarzt im Krankenhaus Berlin-Weißensee. Er galt als »100prozentiger Genosse«, so ein Urteil, und fiel »Kollegen und Schwestern schon mal mit seiner

leisen, aber bestimmten Linientreue auf die Ner-
ven«. Als im August 1989 die Grenze zwischen
Ungarn und Österreich auch für DDR-Flüchtlinge
durchlässig wurde, setzte Detlef S. Ehefrau und
Kind in seinen Wagen und fuhr, ausgewiesen durch
ein mitgeführtes Segelboot, vorgeblich zum Badeur-
laub an den Plattensee. In Wahrheit reiste er über
Ungarn und Österreich in die Bundesrepublik. Er
wurde Arzt an einer exklusiven Privatklinik in
Cham. Als Motiv seines Wechsels gab er an: »Wenn
Hunderttausende DDR-Bürger in den Westen
gehen, müssen die Ärzte auch mit. Sonst lassen sie
ihre Patienten im Stich.«

46

Fast acht Wochen, vom 23. November 1989 bis zum
17. Januar 1990, wohnte der neunzehnjährige Mathias
Pieper in den beiden Ost-Berliner Devisen-Einrich-
tungen Palasthotel und Grand Hotel. Die durch
Logiskosten und andere Serviceleistungen wie
Wäscherei, Verzehr, Leihwagen angelaufenen Rech-
nungen beliefen sich zuletzt auf 26 000 D-Mark. Der
selbstverständliche Kredit, den Mathias Pieper
erfuhr, gründete sich außer auf sein sicheres Auftreten, etwa bei Empfängen, zumal mit fachlich ein-
wandfreien Plaudereien zu Wirtschaftsthemen, auf
die von ihm ausgeteilten Visitenkarten, die ihn aus-
wiesen als Sohn des Vorstandsvorsitzenden der bun-
desdeutschen Salzgitter AG, Ernst Pieper. »Der
Fall«, notierte ein DDR-Journalist, »ist Ausdruck

einer Konfusion, einer Sinnkrise in den Chefetagen, die ausbrach, als jene, denen man unverzichtbar war, nicht mehr an alter Stelle waren.«

47

Bei einer Demonstration gegen die Staatssicherheitsbehörden in der DDR wurde ein Transparent gezeigt mit der Aufschrift: »Schnüffeln macht süchtig.«

48

Am 5. Januar 1990 verkündete das Oberste Gericht der DDR unter seinem Präsidenten Sarge die Kassation des Mitte der fünfziger Jahre aus politischen Gründen ergangenen Unrechtsurteils gegen Janka, Zöger, Just und Wolf. Eine Woche später wurde Gerichtspräsident Sarge wegen offensichtlicher, aus politischen Gründen erfolgter Unterlassungen in seiner Amtsführung vom Parlament der DDR getadelt. Ein Disziplinarverfahren gegen ihn wurde eingeleitet. Nach nochmals fünf Tagen trat er von seinem Amte zurück.

49

Beim Sturm auf das Zentrum der ehemaligen Staatssicherheit in Berlin-Lichtenberg, am 15. Januar 1990, hatte jemand auf die Tafel mit der Überschrift »Unser Speiseplan« die Worte geschrieben »Wasser + Brot«.

50

Neues Deutschland vom 19. Januar 1990: »Naziorden und Ehrenzeichen sowie andere Symbole aus der Zeit von 1933 bis 1945 kaufte der VEG Antikhandel Pirna, um sie devisenträchtig exportieren zu können. Gegen den Einkäufer wird ermittelt.«

51

Die bevorzugten Modevokabeln des offiziellen DDR-Deutsch nach dem Spätherbst '89 lauten: sich einbringen, aufeinander zugehen, untersetzen, Konsens, positionieren. Die ersten beiden Wendungen stammen aus dem Selbstverwirklichungsdeutsch der alternativen Szene. Untersetzen, mit der Bedeutung von absichern und unterstützen, erweist sich als mißglückte Metapher aus der Humanbiologie. Positionieren ist Computerdeutsch: in einem Land, das aus eigenem Verschulden zu wenige Computer besitzt. Hier wie in den anderen Fällen wird durch den häufigen Sprachgebrauch behauptet, was in der Wirklichkeit nicht existiert.

52

Durch entsprechende Beschlüsse der Bundesregierung wurden vormalige Angehörige der DDR-Staatssicherheitsbehörden ausgeschlossen von dem sonst für DDR-Übersiedler bestehenden Recht, die in Westdeutschland gültigen Rentensätze voll beanspruchen zu können. Daraufhin rief eine Ost-Berlinerin voller Schrecken:»Wie sollen wir die denn loswerden?«

53

Der enge Freund Erich Honeckers und Angehörige der Zentralen Parteikontrollkommission der SED, Müller, arbeitet seit dem Sturz seines Mentors im Ost-Berliner Grand Hotel als Tellerwäscher. Auch diesmal sind die Vorgesetzten mit seiner Leistung zufrieden, wie er selbst das wesentliche Merkmal seiner Tätigkeit beibehalten hat: Er säubert.

54

Dechargierte Angehörige der Staatssicherheitsbehörden in der DDR erhalten, entgegen allen Erwartungen, nach ihrer Übersiedlung in die Bundesrepublik problemlos neue Arbeitsstellen. Während die höheren Ränge auf das berufliche Interesse in westlichen Geheimdienstorganisationen stoßen, finden die Angehörigen von Einsatzkommandos bei Wach- und Schließgesellschaften sowie als Guardian Angels und bei anderen privaten Polizeiorganisationen Verwendung. Es erhellt hieraus, daß die professionelle Brutalität eine systemübergreifende Zukunftsbranche mit Wachstumschancen ist.

55

Der Intendant eines berühmten DDR-Musikinstituts sah sich von einem Tag auf den anderen außerstande, die mindeste Verwaltungstätigkeit zu verrichten, denn seine sämtlichen Sekretärinnen und persönlichen Mitarbeiter waren, nachdem sich erwies, daß sie als heimliche Zuträger der DDR-Staatssicherheit gedient hatten, durch die allgemeine Empörung fortgespült worden.

56

Die toxischen Belastungen in den Ballungsgebieten der chemischen Industrie rund um Halle und Leipzig vergifteten seit längerem auch das Grundwasser. Den Spitzen von SED und Regierung war dies wohlbekannt, denn sie führten, wenn sie in jene Regionen aufbrachen, um Betriebsbesichtigungen vorzunehmen und in öffentlichen Reden die Vorzüge des Sozialismus zu preisen, ihre eigenen Kanister mit Trinkwasser bei sich.

57

Aus einem Beitrag in der DDR-Zeitung *Sonntag*, Nr. 5/90: »Wer wußte vom stillen Widerstand des Markus Wolf? Gab es ihn wirklich? War Herr von Schnitzler ein Dummkopf oder ein Verbrecher? Und der Förster, der Harry Tisch das Wild zum fröhlichen Jagen trieb, was ist mit ihm? Wo protestierte

Hermann Kant? Wo blieb der Schrei des Schreibers dieser Zeilen?«

58

In einem bereits 1981 gedrehten, erst 1988 in die Kino-Theater entsandten DDR-Spielfilm muß eine Figur sagen: »Und deshalb versucht man, die Ursachen des Fragens aus dem gesellschaftlichen Bewußtsein zu verdrängen. Dann aber bleibt auf das Fragen nur eine Antwort: Alles ist so, weil es so ist.« Solche Sätze verhinderten die frühere Aufführung des Films und liefern zugleich dafür die Erklärung.

59

Aus dem Bericht einer westdeutschen Zeitung über die mecklenburgische Stadt Güstrow: »Der Friedhof liegt gleich um die Ecke vom Stasi-Haus in der ›Straße der Befreiung‹ Nr. 3 bis 4. In dieser Straße hatte Weihnachten 1984 ein Stasi-Offizier zwei junge Güstrower Arbeiter erschossen. Ein dritter ist am Leben geblieben. Die drei hatten sich auf einer Weihnachtsfeier ihres Betriebs im benachbarten ›Haus des Handwerks‹ Mut und Wut angetrunken und sind dann auf dem Heimweg unvermittelt ihrem Schicksal begegnet in Gestalt des stadtbekannten Stasi-Mannes Funke. Der hat also zwei von ihnen erschossen. ›Danach war alles so, wie es immer ist‹, berichtet ein Zeuge der Güstrower Weihnachtsgeschichte: ›Eltern und Ärzte wurden bestellt und zum Stillschweigen verpflichtet; in den Zeitungen erschien natürlich keine Zeile, und der Schütze verschwand über Nacht mitsamt seinem Hausrat aus der Stadt und wurde nie wieder gesehen.‹«

60

Auf die Frage, wieso er sich von Beginn an in der politischen Opposition gegen den Spätstalinismus des Erich Honecker engagiert habe, gab ein junger Mann zur Antwort: »Ich wollte einfach nicht, daß mein Leben schon mit fünfundzwanzig zu Ende ist.«

61

Berliner Zeitung vom 31. Januar 1990: »Am 2. August 1961, also vor 29 Jahren, stand in der Berliner Zeitung ein Artikel, in dem Herr Horst Jahnke in großer Aufmachung des Menschenhandels beschuldigt wurde. Wie wir vom Obersten Gericht jetzt erfahren haben, ist Herr Jahnke am 14. November 1961 mit dem Urteil des 1. Strafsenats des Stadtgerichts Berlin von dem Vorwurf, im Auftrag des West-Berliner OSRAM-Konzerns Arbeiter des Berliner Glühlampenwerkes zum Verlassen der DDR verleitet zu haben, freigesprochen worden. Die in der Berliner Zeitung vom 2. August 1961 erhobene Behauptung war also falsch. Leider wurde sie damals nicht korrigiert ... Wir möchten uns bei Herrn Jahnke für das ihm und seiner Familie zugefügte Unrecht entschuldigen.«

Der DDR-Filmhistoriker Fred Gehler beschrieb die
künstlerischen Bräuche am Ende der Ära des Erich
Honecker: »Akutes, aktuelles Unbehagen drapiert
mit historischen Kostümen. Zeitgenössisches Ver-
zweifeln formuliert von Persönlichkeiten der Geschichte. Ein mehr oder weniger durchsichtiges
Spiel, transparent für alle Beteiligten, für die Künstler und natürlich auch für die Macht. Alibi und Beru-
higung. Für die Macht ein ungefährliches künstleri-
sches Feigenblatt, zudem abgesichert durch die
Ferne von der Massenkultur.«

63

Als vom ersten Programm des westdeutschen Fernsehens am 22. Januar 1990 aus Ost-Berlin die Aussagen des vormaligen SED-Generalsekretärs Egon
Krenz vor dem sogenannten Runden Tisch übertra-
gen wurden, erschien mehrfach auf dem Bildschirm
die Einblendung des Satzes »Die Sendung ›Der auf-
rechte Mensch‹ entfällt«.

64

Aus dem Bericht einer westdeutschen Zeitung über
Weißenborn, Thüringen: »In der Kahlaischen Straße
18 wohnt die Rentnerin Liselotte Nowak in einem
knapp hundert Jahre alten Haus, das ihr gehört,
obwohl sie es nie hat haben wollen. Ihre Großeltern
haben es vor dem Ersten Weltkrieg gekauft. Als ihre

Mutter 1975 starb, lag Frau Nowak gerade im Krankenhaus, und als sie entlassen wurde und das Erbe
ablehnen wollte, erfuhr sie, daß die Sechs-Wochen-
Frist dafür verstrichen war. Sie hat das Haus verkau-
fen wollen, aber keinen Käufer gefunden. Sie hätte
es verschenkt, aber man sagte ihr, niemand werde es
nehmen. Kann Hausbesitz ein Schicksalsschlag
sein?... Die Dachrinnen sind kaputt, die Mauern
feucht. Von den Wänden des Plumpsklos ist die
Tapete gefallen, kaum daß man sie angeklebt hatte.
Badezimmer gibt es nicht. Aus dem Wasserhahn
tröpfelt leise kaltes Wasser. Vom Zaun vor dem Haus
stehen nur noch die Pfeiler, die Latten sind weg. Fenster und Türen lassen sich kaum noch schließen...
Ist das normal? Es ist normal.«

65

Meldung der Nachrichten-Agentur AP vom 7. Februar
1990: »Gegen leitende Offiziere der Staatssicherheit
werde wegen ›regelrechter Posträubereien‹ ermittelt. Sie hätten D-Mark-Beträge und andere Valuta
aus Briefen an DDR-Bürger gestohlen und der
Staatssicherheit zukommen lassen. Dies habe allein
in den letzten drei Jahren 6,5 Millionen Valuta-
Mark ausgemacht.«

66

Bericht einer westdeutschen Zeitung über das Dün-
gemittelwerk Steudnitz in Dorndorf, zwölf Kilometer

nördlich von Jena: »Wir sehen: einen fünfzig Meter langen, völlig verrosteten Drehofen, Förderbänder, deren hölzerne Abdeckung teilweise zusammengebrochen ist, Werkshallen, die aussehen, als habe man sie mit einer Schicht Zement übergossen, dazwischen Ruinen älterer Gebäude, Schornsteine, an denen grauweiße Schlieren herunterlaufen, Eisenbahnwaggons, an denen kein Stück Metall nicht verrostet ist. Hier wird produziert, tatsächlich ... 20 Kilometer entlang der Saale gibt es keine Bienen mehr. In den Körpern der toten Insekten fand man das 17fache der tödlichen Fluormenge. Kleinsäuger bis zur Größe der Ratte sind aus diesem Gebiet verschwunden. Das Schieferdach der Kirche von Dorndorf ist zerstört, weil die Salzsäure in der Luft die Nägel zerfressen hat. Die Arbeiter, die in der großen Mischhalle des Werks das weiße Material von den Wänden kratzen, klagen oft über Nasenbluten. Futtermittel, die in der Nähe des Werks angebaut werden, müßten eigentlich mit anderen vermischt werden – was aber nicht geschieht, weil den Landwirtschaftlichen Produktionsgenossenschaften (LPG) die Vorrichtungen dazu fehlen. Die Obstbäume am Hang hinter dem Werk sind tot.«

67

Aus der Rezension eines DDR-Blattes über einen dissidenten Künstler: »Wir wußten ja in den letzten Jahren nie so recht, ob es erlaubt war, daß es ihn gab.«

68

Der Stellvertretende DDR-Generalstaatsanwalt Lothar Reuter erklärte am 7. Februar 1990 gegenüber der Presse, der gestürzte Staats- und Parteichef Erich Honecker habe während seiner Regierungszeit über ein persönliches Konto verfügt, auf welchem täglich mindestens 100 Millionen D-Mark liegen mußten. Der Abteilungsleiter im SED-Zentralkomitee, Pöschel, habe sich regelmäßig einmal die Woche in das zentrale Asservatenlager der DDR-Zollbehörden begeben und aus den eingezogenen Gegenständen »dort bedient«. Ein anderer ZK-Abteilungsleiter, Seidel, habe Zugang zu einem D-Mark-Konto gehabt und mit den dort abgehobenen Beträgen Computer gekauft, eingeführt, anschließend in der DDR veräußert und den Erlös daraus auf seinem privaten Konto eingezahlt. Außerdem habe er, ein gelernter Arzt, sich niemals in der DDR, sondern immer nur in Wien medizinisch behandeln lassen.

69

Nach Meldungen aus Moskau haben Stäbe von Fachleuten damit begonnen, die Archive des sowjetischen Geheimdienstes KGB auf bedeutsame Dokumente der Literaturgeschichte zu durchforschen. Zu ihren ersten Funden gehörten bisher unveröffentlichte Gedichte des russischen Lyrikers Nikolai Klujew, die, seiner KGB-Akte beigeheftet, 1937 als

Belastungsmaterial während des Prozesses gegen ihn gedient hatten, worauf Nikolai Klujew zum Tode verurteilt wurde, die Hinrichtung geschah durch Erschießen. Der gleichfalls vom KGB zunächst verhaftete, später wieder freigelassene Schriftsteller Michail Bulgakow hatte aus Furcht vor Verfolgung seine sämtlichen Tagebücher verbrannt, daß sie also für die Nachwelt verloren schienen, doch erwies sich nun, daß der KGB davon Kopien hatte anfertigen lassen, die vollständig erhalten geblieben sind. Unter der Herrschaft von J. W. Stalin sind insgesamt zweitausend Schriftsteller verhaftet und abgeurteilt worden, von denen die wenigsten dieses Schicksal überlebten, so auch nicht Isaac Babel, der, wie Nikolai Klujew, erschossen wurde, so auch nicht Ossip Mandelstam, dessen Ode auf Stalin gleichfalls in den Archiven des KGB aufbewahrt worden war und deren Wortlaut einst das Todesurteil gegen den Verfasser bewirkt hatte, denn er sprach darin von Stalins »Küchenschaben-Schnurrbart« und Stalins »fetten, schleimigen Fingern wie Würmer«. Der Moskauer Publizist Korotisch sagt: »Literaturgeschichte ist in der Sowjetunion ein brisantes Gebiet.«

70

Aus einem Zeitungsbericht: »In der Herrentoilette des Bebel-Liebknecht-Hauses der SED in Leipzig lehnt ein Ölbild mit der Vorderseite zur Wand. Niemand aus der Laufkundschaft kommt auf die Idee, es umzudrehen und zu betrachten. Entweder weil es jeder weiß, oder aber weil es niemand ahnt. Es ist ein Portrait Lenins.«

71

Käthe Woltemath-Krogmann wurde 1920 in Rostock geboren. Ihre Mutter war Hausangestellte. Das kleine Mädchen ging früh zu der Sozialistischen Arbeiter-Jugend, wo sie, während der ganztägigen Berufstätigkeit ihrer Mutter, Freunde fand und eine kindliche Beschäftigung hatte. »Wir waren«, sagt sie, »fast alles Kinder arbeitsloser Väter und alleinstehender Mütter, die nach dem Ersten Weltkrieg ihre Kinder alleine versorgen mußten.« 1933 wurde die sozialdemokratische Jugendorganisation verboten. Das Mädchen begann 1934 eine Lehre als Kindergärtnerin. Da die Ausbildungsstätte von Hitlers Nationalsozialisten übernommen wurde, schied sie aus und begann eine kaufmännische Ausbildung, bei einer jüdischen Firma, in der sie auch die sogenannte Reichskristallnacht von 1938 erlebte. »Die Erinnerungen aus der Kindheit«, sagt sie, »und die späteren Erlebnisse hielten mich von den Nazis fern.« Nach dem Kriegsende trat sie der SPD bei. Sie wurde, wie ihre Parteifreunde, im April 1946 in die aus KPD und SPD zusammengeschlossene SED übernommen. »Wir trösteten uns damit«, sagt sie, »daß wir ja so viele waren und die KPD viel weniger Mitglieder eingebracht hätte, und so würden wir unsere sozialdemokratischen Impulse schon ausstrahlen können.« Sie wurde Sozial-Referentin beim Rat der

Stadt. Bis zum Jahre 1950 erhielt sie insgesamt vier
offizielle Verwarnungen. »Ich habe in all diesen Jahren nicht gelernt«, sagt sie, »zu Fehlern, Fehlverhal-
ten von leitenden Funktionären zu schweigen.« 1950
verlor sie ihre Arbeit. 1953 wurde sie erneut in öffentliche Ämter berufen. 1958 erfolgte ihre Verhaftung
durch die Staatssicherheitsbehörden, ihr Mann
wurde zur gleichen Zeit von der Kriminalpolizei verhaftet. Während eines insgesamt dreitägigen Schau-
prozesses sah sie sich angeklagt der Bildung einer
staatsfeindlichen Gruppe, der Spionage- und Diver-
sionstätigkeit, der Hetze gegen führende Funktionäre. Die gegen sie beantragte Strafe lautete auf
zwölf Jahre Freiheitsentzug. Sie wurde dann lediglich zu fünfzehn Monaten Gefängnis verurteilt, die
sie in der Haftanstalt Bützow verbüßte und woher
sie als Invalidin zurückkehrte. Ihr Mann war in
einem anderen Verfahren wegen vorgeblicher Wirt-
schaftsvergehen zu vier Jahren Freiheitsstrafe abgeurteilt worden. »Von diesem Zeitpunkt an«, sagt sie,
»bis 1989 haben wir mehr vegetiert als gelebt, von
Oktober 1989 fing unser Leben neu an.«

72

Der ehemalige persönliche Referent des Justizmini-
sters in Ost-Berlin, Armin Göllner, sagte, die Zustände des sozialistischen Rechtswesens betreffend:
»Zum einen muß man wissen, daß ein DDR-Jurist,
der in der Rechtspflege tätig ist, grundsätzlich Mitglied der SED sein muß. Das gilt schon für den Stu-

dienbewerber, weil er sonst als späterer Richter oder Staatsanwalt, wie er auch immer zum Einsatz kommen mag, die Voraussetzungen zur Durchsetzung der Politik der SED nicht erfüllt. Zum anderen unterliegt ein Richter – das Entsprechende gilt für den Staatsanwalt – auch während seiner richterlichen Tätigkeit einer unmittelbaren Weisungslinie seiner Partei. Der Kreisgerichtsdirektor oder der Kreisstaatsanwalt sind automatisch Mitglieder der jeweils territorialen Parteileitungsebene. Die Parteiorganisation stellt also ihre Anforderungen an die Justizorgane des Kreises oder des Bezirkes durch.« Armin Göllner sagte: »Stellen Sie sich vor, die Stasi wollte ein Ferienhaus bauen. Oder eine Privatfläche stand dem Bauvorhaben eines Politbüromitglieds im Wege. Eine der beliebtesten, von der Justiz gedeckten Möglichkeiten, sie durchzusetzen, lief so: Das ganze Gebiet wurde als ›Naturschutzgebiet‹ oder ›Naturdenkmal‹ gesperrt – und in der goldenen Mitte das Jagdhaus gebaut. Wer nicht weg wollte, der wurde enteignet. Mit solchen Maßnahmen wurden Leute fertiggemacht und verärgert, bis sie einen saugroben Brief an Partei oder Ministerium schrieben, der gleich einen Sack voller Straftatbestände erfüllte. Aber gerade darauf wartete man ja...« Armin Göllner sagte: »Tatsache ist, daß jeder Kreisgerichtsdirektor oder Kreisstaatsanwalt sich bedingungslos der Parteidisziplin unterzuordnen hatte. Die Zweckmäßigkeit oder Unzweckmäßigkeit des Ausganges eines x-beliebigen Verfahrens wurde von der Parteileitung des Territoriums vorgegeben. Der

Richter und Staatsanwalt als Mitglied der Parteiführung war gehalten, die Parteibeschlüsse in seinem Beruf umzusetzen.« Armin Göllner sagte: »Wenn man sich von jemandem ›trennen‹ wollte, so wurde er nach Bautzen II geschickt. Die durchschnittliche Überlebenszeit dort betrug siebeneinhalb Jahre.«

73

Er stammte aus einer alten proletarischen Familie überzeugter Sozialisten. Er trat frühzeitig der kommunistischen Jugendbewegung bei, später der kommunistischen Partei Ernst Thälmanns. Nach dem Machtantritt Adolf Hitlers engagierte er sich vorbehaltlos im antifaschistischen Kampf, weswegen er von der politischen Polizei der Nationalsozialisten ins Zuchthaus geworfen wurde. Zweifel suchten ihn niemals heim. Eine Weile hat er in Frankreich gelebt. Nach dem Ende des Zweiten Weltkriegs gehörte er zu den kommunistischen Spitzenkräften im östlichen Deutschland. Er rückte rasch auf im administrativen Apparat der SED. Er wurde zum glühenden Verteidiger der Zustände im Staat DDR. Gleichwohl mußte er es erleben, daß ihn eben jene, mit denen er soeben noch eng kooperiert hatte, denen er auch blindlings vertraute, ohne Zögern aus ihren Reihen verstießen. Man verhaftete ihn. Die Anklage lautete auf Hochverrat. Dabei fühlte er sich unschuldig. Als eine äußerste Demütigung empfand er, daß man ihn aus seiner Partei entfernte, der SED, nach so vielen Jahren der Mitgliedschaft. Die Rede ist natürlich von Walter Janka. Die Rede ist natürlich von Erich Honecker.

74

Der Linguist Ralf S., 1957 in einem stalinistischen Schauprozeß wegen konterrevolutionärer Tätigkeit zu einer mehrjährigen Freiheitsstrafe verurteilt, fiel schon seit dem Zeitpunkt seiner Entlassung immer wieder auf durch sein stoisches Lächeln. »Ich habe keine Angst vor dem Zuchthaus«, pflegte er zu sagen, »denn ich habe es bereits erlebt. Dies ist mein Vorteil gegenüber den meisten. Ich verdanke ihn meinen Gegnern und also zolle ich ihnen dafür meine Anerkennung.«

75

In der kleinen Harzstadt Wernigerode wurde zu Zeiten des DDR-Sozialismus das Schloß der ehemaligen Fürstenfamilie in ein Feudalmuseum umgewandelt, es sollte die Kulturgüter und Lebensgewohnheiten einer vergangenen Herrschaftsschicht ausstellen für Publikum. Denkbar wäre nunmehr ein Museum des realen Sozialismus, untergebracht in einem Jagdhaus für Mitglieder des alten SED-Politbüros. In der Diele Sitzmöbel aus dunkelgrünem Plüsch. Mitten im Raum eine große Lenin-Statue, weiß, imitierter Marmor, zwischen zwei Gummibäumen. An der Wand Gemälde von muskelstarrenden Stahlarbeitern, Stil Willi Sitte, neben kapitalen

Hirschgeweihen. Täfelung, dunkelbraune Eiche. In der Ecke eine rote Fahne. Quer durch den Raum ein Spruchband: »Es lebe der 1. Mai, der internationale Kampftag der Arbeiterklasse!«, dazu aus blechernen Lautsprechern Marschmusik von Eberhard Schmidt. In einer Schrankwand Meißner Porzellan, barock, mit dem Muster grünes Weinlaub, sowie die bronzene Statue eines Boxers. Eine Zimmerbar aus afrikanischen Edelhölzern, darin Flaschen mit tschechischem Bier und mittelmäßigen westdeutschen Spirituosen. Auf einem Fernsehschirm Videos mit harter Pornographie.

III Herbst im Frühling

März bis Juni '90

1

Die weitverbreiteten Vertreter des radikalen politischen Gesinnungswandels in der DDR führen seit dem Spätherbst 1989 den Namen Wendehals. Virtuosen in diesem Geschäft tragen, wegen der besonderen Gelenkigkeit ihrer Hälse, den Namen Korkenzieher.

2

Aus einem Leserbrief an die in Ost-Berlin erscheinende Wochenzeitung Sonntag: »Ich höre eine Sendung von Radio DDR, berichtet wird von ehemaligen Reglementierungen, von Berufsverbot. Ich höre die Geschichte eines Lehrers, der sich 1968 gegen die Niederschlagung des Prager Frühlings ausgesprochen hatte... Ich war seine Schülerin. Ich – wir hatten ihn geliebt... Jahre später, auf einem Klassentreffen, dann die Neuigkeit: Wißt ihr schon, S. ist fristlos entlassen worden! – Was?! Das ist doch nicht möglich! – Doch, könnt ihr glauben, er soll die Mädchen betatscht haben... Und hätte ich nicht zufällig jetzt das Radio eingeschaltet, würde er für mich der Lehrer geblieben sein, der ›Dreck am Stecken‹ hat...«

3

Meldung der Nachrichtenagenturen dpa und Reuter vom 31. März 1990: »Knapp 40 Jahre nach Auflösung des sowjetischen Internierungslagers bei

Oranienburg im DDR-Bezirk Potsdam ist am Freitag ein Massengrab ausgehoben worden. Soldaten der Nationalen Volksarmee (NVA) legten im Schmachtenhagener Forst menschliche Skelette frei, die nur einen Meter unter der Erde verscharrt lagen. Schädel und Knochen lagen dicht an dicht und ungeordnet übereinander. Zuvor waren bereits in zwei anderen DDR-Regionen Massengräber entdeckt worden. Wegen übereinstimmender Aussagen von Zeitzeugen gehen die Behörden nach Worten des Vizechefs der Kreisverwaltung Oranienburg, Heinz Erdmann, davon aus, daß es sich bei den Toten um Häftlinge im ehemaligen sowjetischen Internierungslager Sachsenhausen handelt. Identitätsbeweise wurden allerdings nicht gefunden. In dem Massengrab wurden auch zahlreiche Marken entdeckt, die Toten nach Berichten ehemaliger Häftlinge an die Füße gelegt worden waren. Die Marken sind mittlerweile völlig verrostet.«

4

Die im ehemaligen Ministerium für Staatssicherheit der DDR aufgefundenen Tonbänder mit den Aufnahmen heimlich abgehörter Telefongespräche werden auf Beschluß der damit beauftragten Komitees von ihren Spulen genommen und derart unbrauchbar gemacht. Anschließend werden sie zu einem in Ost-Berlin ansässigen Betrieb transportiert, dem sie als Ausgangsmaterial für die Herstellung von Fischereinetzen dienen. Obschon gänzlich anders verwendet als zuvor, bleiben sie damit ihrem eigentlichen Nutzungszweck erhalten: Es fangen sich zappelnde Lebewesen in ihnen und gehen daran zugrunde.

5

Die Villa Nawrocki-Straße 16 im Ost-Berliner Stadtteil Friedrichshagen, gelegen unmittelbar am Ufer des Müggelsees, wurde zur Zeit der Republik von Weimar durch ihren ursprünglichen Besitzer, Kommerzienrat Ehrlich, einen Arzt, der damaligen Gemeinde Friedrichshagen übereignet. Im Hause befanden sich eine jüdische Geburtsklinik und eine israelitische Betstube. 1933 nahm Hitlers SS von dem Gebäude Besitz. 1945 eröffnete darin eine Volksküche. Haus und Grundstück gerieten später in das Eigentum des Ministeriums für Staatssicherheit der DDR. Nach den Ereignissen vom Herbst 1989 wurde Nutzer die Geheimdienst-Nachfolgeeinrichtung IWG, die darin ein Arbeiterwohnheim unterhält. »Innen grauenvoll«, so ein Besucher, »kasernenmäßig verbaut, zweckentfremdet.« Der verantwortliche Rat des Stadtbezirks Köpenick verweigert dem Kunstverein Friedrichshagen eine Nutzung für kulturelle Zwecke. Er wartet auf »kapitalkräftige Unternehmer, über die Köpfe der Bevölkerung hinweg«. Er möchte »ein Devisenhotel, eine Nobelherberge oder ähnliches« eröffnen.

6

In den ganzen 72 Jahren ist Macht in der Sowjetunion niemals etwas anderes gewesen als die Inkar-
nation von Gewalt und Terror«, sagt Jurij Afanasjew,
Volksdeputierter und Mitglied der KPdSU. »Ich
meine damit nicht nur die Zigmillionen Menschen,
die beim Versuch, eine Wahnidee zu verwirklichen,
ihr Leben lassen mußten; ich meine auch die kolos-
salen moralischen Verluste bei denen, die überlebten.«

7

Der in Dresden ansässige Trompetenvirtuose Lud-
wig Güttler bläst gern vor deutschen Politikern.
Zum 40. Geburtstag der DDR spielte er, in der
Hauptstadt Berlin, für Staatschef Honecker und
Regierungschef Stoph. Zum 60. Geburtstag des Bun-
deskanzlers spielte er, in der Hauptstadt Bonn, für
Staatschef von Weizsäcker und Regierungschef Kohl.
Zwischen den beiden Auftritten lagen 600 Kilome-
ter und 180 Tage.

8

Aus dem Bericht über eine Reise auf die DDR-Insel
Usedom, März 1990:»In Ahlbeck mit seinen fünftau-
send Bewohnern, von denen fast ein Drittel Rentner
sind, trifft die Heimgekehrte Antisemiten, Wende-
hälse, viele Kohl-Anhänger, ein Dutzend SPD-Mit-
glieder und Leute mit kaum zu zähmendem Polen-

haß. Ihr wird zugeflüstert, wie schwer es falle, Vertrauen zu Lothar de Maizière zu haben; sei dieser doch im Fernsehen mit einem Judenkäppchen aufgetreten und womöglich selber Jude.«

9

Harry Rowohlt, Sohn des bekannten Verlegers, äußert die Forderung »Heym ins Reich«, weil: »mein Lieblingskandidat für das Amt des Deutschen Kaisers wäre Stefan Heym. Ideale Integrationsfigur, kann sich seine Reden selbst schreiben, hat was gesehen von der Welt, sieht irgendwie aus wie König Drosselbart, sächselt milde, so daß sich die ehemalige Deutsche Demokratische Republik voll repräsentiert fühlen kann, kurz: ein Kaiser zum Anfassen und Liebhaben. Außerdem wäre das Ausland beruhigt, denn wenn wir uns einen jüdischen Kaiser leisten, haben wir ja wirklich was dazugelernt.«

10

Von den gegenwärtig in der DDR beschäftigten insgesamt 160 000 Gastarbeitern stammen 60 000 aus Vietnam und 14 000 aus Mosambik. Die Asiaten heißen bei den DDR-Bewohnern »Fidschis« und die Afrikaner »Preßkohlen« oder »Briketts«. Polnische Zeitungen beklagen sich über die brutale Behandlung ihrer Landsleute in der DDR. In Ost-Berlin jagte die Belegschaft eines Geschäftes mit dem Rufe »Schnell raus!« eine schwangere Polin vor die Tür. Mehrere lateinamerikanische Studenten in Leipzig mußten nach tätlichen Übergriffen von DDR-Bürgern ins Krankenhaus gebracht werden. Ausländer wagen es nicht mehr, abends nach 23 Uhr allein durch Fußgängerunterführungen zu gehen, sie halten sich von Kneipen fern, sie benutzen keine öffentlichen Verkehrsmittel nach Fußballspielen, sie vermeiden es, allein in Zugabteilen zu sitzen. Bei den berühmten Montagsdemonstrationen in Leipzig brüllte die Menge zuletzt mehrfach »Ausländer raus!« Die DDR-Volkspolizei erklärte sich außerstande, alle Ausländerwohnheime durch spezielle Patrouillen abzusichern, obwohl dort wiederholt Randalierer eingedrungen waren. Ein vierundzwanzigjähriger Facharbeiter aus Mosambik wurde, als er nach längerem DDR-Aufenthalt seinen Besitz in einer Schiffskiste abtransportieren ließ, von drei DDR-Bürgern angerempelt, wobei einer auf die Kiste zeigte und ausrief: »Das ist die richtige Wohnung für euch.« Ein anderer Mosambikaner wurde in der Nähe von Riesa aus dem fahrenden Zug gestoßen. Nach Verbüßung seiner nur kurzfristigen Strafe erklärte der Täter öffentlich, die Ausländer nähmen bloß Arbeitsplätze weg, deshalb weigere er sich, seine Tat zu bereuen. Ein Jugendlicher, gleichfalls aus Riesa, sagte einem westdeutschen TV-Reporter ins Mikrofon, Ausländer seien »die größten, faulsten Schweine«. Eine junge Frau ergänzte, die Fremden »würden sich aufführen, als wären sie die Größten« und außerdem »die Weiber wegnehmen«. Ein anderer junger Mann sagte: »Das Viehzeug muß ausgerottet werden. Ohne zu zucken.«

11

Eine große westdeutsche Versicherungsgesellschaft suchte geegnetes Personal über eine Stellenanzeige, die in einer DDR-Tageszeitung erschien. Zum Erstaunen der Manager meldeten sich daraufhin ausschließlich ehemalige Angehörige der DDR-Staatssicherheitsbehörde sowie von Entlassung bedrohte Offiziere der Nationalen Volksarmee. Die Erklärung für diesen Bewerberkreis lieferte der Wortlaut der Stellenanzeige. Es war darin vom Aufbau einer »General-Agentur« die Rede.

12

Das Verhältnis zwischen Geist und Macht in der alten DDR kennzeichnet ein Ausspruch, den Konrad Naumann, vormals Mitglied des Politbüros der SED, auf dem Höhepunkt seiner Machtausübung tat, der aber erst bekannt wurde im April 1990: »Was heißt hier Wissenschaft und Forschung und historische Abläufe. Die müssen ohnehin so schreiben, wie wir das wollen.«

13

Aus einem Bericht der (Ost-)Berliner Zeitung vom 5. April 1990: »Hans Mindach gehörte zu der Generation, die das letzte Aufgebot des ›Führers‹ stellte. Die 15- und 16jährigen sollten aufhalten, was nicht mehr aufzuhalten war. Auch er mußte zur vormilitärischen Ausbildung, dort aber endete für ihn – zum Glück – schon die militärische Laufbahn. Bei einem Unfall – er ist gelernter Tischler – hatte er einen Finger verloren, das bewahrte ihn davor, im letzten Feuer des Krieges verheizt zu werden. Er baute dann in einer Tischlerei in seinem Heimatort Niederlehme noch Möbel für Kindergärten, als auch dort die ersten abgeholt wurden im Dorf. Ehemalige Angehörige der Wehrmacht, aber auch viele Jugendliche... Hans Mindach mußte mit ansehen, wie in Niederlehme immer mehr Jungen in seinem Alter auf Lkw abtransportiert wurden. Die Frau seines Meisters fragte ihn, ob er nicht lieber verschwinden wolle, bevor er an der Reihe sei. Und Hans Mindach weiß noch heute, was er damals geantwortet hat: ›Warum soll ich denn abhauen, ich habe doch nichts gemacht.‹ Darauf aber kam es in jener Zeit wohl nicht an. Im November 1945 wurde er festgenommen und zur NKWD (eine Staatssicherheitsbehörde der Sowjetunion) gebracht. ›Hast du Waffen? haben sie mich gefragt und die Wohnung durchsucht. Natürlich hatte ich keine Waffen. Du Werwolf? Ich bin auch kein Werwolf, habe ich geantwortet. Geholfen hat das nicht. Du fünf Wochen Umerziehungslager, haben sie dann gesagt.‹ Bei den fünf Wochen ist es nicht geblieben, für Hans Mindach begann ein zweieinhalbjähriger Leidensweg durch sowjetische Internierungslager... Auf dem nackten Steinfußboden schliefen die Jungen, in den Wohnungen ebenso wie in den dicht belegten Kellern. Die Körper waren von wunden Stellen übersät. Ein Dorado für Läuse und Wanzen. In Ketschendorf wohnte das Grauen. Anfangs waren es nur einige Tote, die pro Tag aus den Lagern getragen wurden, von Krankheiten dahingerafft, vor Entkräftung gestorben. Mangelhafte Ernährung ließ den Schwächeren im Lager kaum eine Überlebensmöglichkeit. Das Krankenrevier war ständig überfüllt, obwohl es täglich viele auf ihrem letzten Weg wieder verließen. Die Zeit verging mit dumpfem Dahinbrüten über Schuld und Unschuld. Wer zum Essenholen eingeteilt wurde, freute sich ob der einzigen Abwechslung. Anfang 1946 wurden die Kräftigsten ausgesucht als Arbeitskräfte für einen Transport in die Sowjetunion. Hans Mindach hatte ein zweites Mal Glück. Als die Ärzte den fehlenden Finger bemerkten, winkten sie ab. Viele der ›Ausgewählten‹ hat man nie wieder gesehen.«

14

Aus einem Zeitungsartikel, März 1990: »Die zukünftigen Beamten-Ost haben sich inzwischen Gedanken darüber gemacht, wer unter ihnen wegen seiner stalinistischen Vergangenheit aus dem Bewerberkreis ausscheiden müsse: ›In diesem Sinne sind wir für den vollen Schutz der sozialen Sicherheit, für die – außer bei gerichtlicher Feststellung von Gesetzesverletzungen – unkündbare und auf jeden Fall vom Parteibuch unabhängige Beschäftigung und damit soziale Sicherstellung aller künftigen Beamtinnen und Beamten.‹ Mit anderen Worten: ob Stalin-Parteiler oder nicht, ob Stasi-Spitzel oder nicht, ob vielleicht als Lehrer nur ein fanatischer Verfechter der Ideen Margot Honeckers zur Erziehung sozialistischer Untertanen: Solange einer von unseren Gerichten nicht als Verbrecher verurteilt worden ist, darf er in einem wiedervereinigten Deutschland Beamter auf Lebenszeit werden.«

15

Eine Stunde, ehe die erste frei gewählte Volkskammer der DDR erstmals zusammentrat, erfolgte in der Berliner Gethsemanekirche ein ökumenischer Gottesdienst, an dem eine Vielzahl von Abgeordneten teilnahm. In genau dieser Zeit hielt vor einem in der Nähe der Kirche befindlichen Fleischerladen ein Lieferwagen, der seine herbeigeschafften Waren abladen wollte. Vor dem Geschäft bestand, ausweislich entsprechender Schilder, ein Parkverbot für Kraftfahrzeuge. In der Verbotszone wartete der Dienstwagen eines Politikers, der an dem Gottesdienst teilnahm. Der Fahrer des Lieferwagens forderte, da er seiner Arbeit nachgehen wollte, den Fahrer des Dienstwagens auf, seinen Platz zu räumen. Der Fahrer des Dienstwagens weigerte sich. Ein herbeigerufener Volkspolizist entschied entgegen den Verkehrsschildern und zugunsten des Dienstwagens, aus alter Gewohnheit. In der Gethsemanekirche wurde gerade über das Thema Recht und Güte gepredigt. Der falsch geparkte Dienstwagen gehörte dem designierten DDR-Ministerpräsidenten Lothar de Maizière.

16

Bernhard Steinberger wurde 1917 geboren. Seine
berufliche Vorstellung war die eines Studiums der
Rechtswissenschaften, aber er konnte sie sich nicht
erfüllen, da inzwischen Adolf Hitler herrschte, und
Bernhard Steinberger war Jude. 1936 ging er ins
Exil, zunächst nach Italien, später in die Schweiz, wo
man ihn als Emigranten in ein Arbeitslager inter-
nierte, auf insgesamt drei Jahre. 1945 kehrte er nach
Deutschland zurück. Er trat der KPD bei. Er lebte
zunächst in Bayern und ging 1947 als Student nach
Leipzig. Im Mai 1949 wurde seine Frau, eine gebür-
tige Ungarin, festgenommen und von ihrem zwei-
jährigen Kind getrennt, in Zusammenhang mit dem
antisemitischen Prozeß gegen Laszlo Rajk in Budapest. Bernhard Steinberger, gleichfalls verhaftet, im
Juni 1949 von sowjetischen Sicherheitsorganen,
blieb insgesamt sechs Jahre in Haft, zuletzt in einem
russischen Strafarbeitslager. Seine Entlassung erfolgte, ohne daß man ihn förmlich rehabilitierte.
Seit März 1956 hatte er wieder seine Frau und sein
Kind bei sich. Im gleichen Jahr wurde er neuerlich
verhaftet, da er gemeinsam mit Wolfgang Harich versucht hatte, innerhalb der SED eine Parteiopposi-
tion zu formieren. Im März 1957 verurteilte ihn das
Oberste Gericht der DDR zu einer längeren Freiheitsstrafe. Er verbüßte sie bis auf die letzten drei
Tage. Er kam im November 1960 wieder frei. Er
arbeitete eine Weile in der Industrie, mit 50 Jahren
promovierte er, anschließend übernahm er ein Lehr-

amt. Im März 1990 wurde in einer Kassationsver-
handlung vor dem Obersten Gericht der DDR das
gegen ihn verhängte Urteil von 1957 aufgehoben. Er
war inzwischen dreiundsiebzig Jahre alt. Zeitungen
der DDR, die über den Fall berichteten, sprachen
von einem »tragischen Schicksal«.

17

In den sechziger Jahren bildete sich in der DDR ein
Ensemble für politische Lieder unter dem Namen
Oktoberklub. Eines seiner Mitglieder hieß Hartmut
König. Er tat sich hervor durch besonders schneidige
Systemtreue. Man belohnte ihn mit einer Funktion
im höchsten Gremium des staatlichen Jugendver-
bandes FDJ, wo er verantwortlich war für Kulturel-
les. Wieder legte er Schneid an den Tag. Besonders
nachdrücklich betrieb er die öffentliche Denunziation von vermeintlichen Regimefeinden. Er wurde
abermals belohnt, durch die staatliche Funktion
eines stellvertretenden Kulturministers der DDR.
Im Herbst 1989 unternahm er Anstrengungen, sich
gemeinsam mit Angehörigen der früheren politischen Opposition öffentlich zu zeigen. Nach der
Übernahme der Regierung durch Ministerpräsident
Modrow verlor er sein Ministeramt. Bei den politischen Erinnerungen von Egon Krenz, deren Buch-
rechte zu D-Mark-Beträgen in Millionenhöhe gehandelt wurden, war er einer der Mitverfasser. Das
Lied, das er als Mitglied des Oktoberklubs verfaßt
und zahllose Male vorgetragen hatte, begann mit

der Zeile: »Sag mir, wo du stehst/und welchen Weg
du gehst.«

18

In einem längeren Text schildert der in Ost-Berlin
lebende Autor Thomas Günther, wie er als Siebzehn-
jähriger verhaftet wurde, weil er, wegen der Veranstaltung eines Literaturabends in seiner Schule, in
den Verdacht geraten war, einer staatsfeindlichen
Widerstandsgruppe anzugehören. Nach einem Prozeß, der insgesamt vier Wochen dauerte, wurde er
zu einer längeren Freiheitsstrafe verurteilt. »Die beiden Staatsanwälte der ehemaligen Staatsschutzab-
teilung 1 A am Bezirksgericht Karl-Marx-Stadt, die
seinerzeit Anklage erhoben hatte, sind heute, im
März 1990, immer noch im Amt. Und der damalige
Justizminister, Kurt Wünsche, unter dessen politischer Verantwortlichkeit die Prozesse stattfanden,
wurde im Januar 1990, nach längerer Abwesenheit,
von der Regierung Modrow wieder auf diesen
Posten berufen.« Günthers Text erschien am 7. April
1990. Zwei Tage später wurde bekannt, daß Kurt
Wünsche auch dem nach den freien Volkskammer-
wahlen des 18. März 1990 gebildeten Kabinett de
Maizière als Justizminister angehört.

19

Vergleiche weisen aus, daß von der großdeutschen
Wehrmacht des Adolf Hitler die Nationale Volksarmee der DDR den Rock und das chilenische Militär

des Augusto Pinochet den Stahlhelm übernommen hat.

20

Der Erzbischof von München und Freising, Kardinal Wetter, sagte in seiner Osterpredigt 1990, am Schicksal der Länder Osteuropas könne man erkennen, wohin ein Leben ohne Gott führe. Aus dieser Feststellung folgt, daß Gott theologisch vollkommen identisch ist mit dem harten Gelde.

21

Zitat aus dem DDR-Wochenblatt Sonntag Nr. 15/1990: »Lange vor der Wende schrieb der Querdenker Johannes Dieckmann, wie man den DDR-Menschen bereits im Kindergarten die Politik mit dem Milchreis verabreicht. Sie revanchieren sich als Erwachsene durch fortwährende Betrachtung von Politik aus der Kindergartenperspektive.«

22

Im Gespräch mit einer großen zu Hamburg erscheinenden Publikumszeitschrift sagte Wolfgang Schnur, ehemaliger Gründungsvorsitzer der ostdeutschen Oppositionspartei Demokratischer Aufbruch, zugleich gut bezahlter Informeller Mitarbeiter des Ministeriums für Staatssicherheit der DDR: Nach insgesamt 25 Jahren Tätigkeit für den Geheimdienst seines Landes habe er nunmehr eigentlich Anrecht auf einen geregelten Versorgungsanspruch.

23

Das Haus 54 der vormaligen Lindenstraße zu Potsdam, auch Großes Holländisches Haus oder Kommandantenhaus, wurde errichtet als Fünfachsenhaus im holländischen Stil, in den dreißiger Jahren des 18. Jahrhunderts, unterm Regiment des Soldatenkönigs Friedrich Wilhelm I. Das fertige Gebäude erhielt 1738 die Stadt zum Geschenk. Für einen monatlichen Zins von 100 Talern wurde es an den Kommandeur des preußischen Leibregiments vermietet. Im Jahre 1806 ließ der Eroberer Napoleon das Grundstück requirieren, um es als Kleidermagazin und Pferdelazarett zu nutzen. Im Verfolg der Reformen des Freiherrn vom Stein tagte 1809 in dem Haus die erste frei gewählte Potsdamer Stadtverordnetenversammlung. Später zog der Kommandant des Stadtgerichtes dort ein und ließ im Hof ein kleines Gefängnis errichten, das, im Zuge zunehmender Machtentfaltung, mehrfach erweitert wurde, zuletzt im Jahr 1906. Während der dreißiger Jahre des gegenwärtigen Jahrhunderts nahm das nationalsozialistische Erbgesundheitsgericht von dem Gebäude Besitz und verfügte darin über Zwangssterilisationen und Rassenhygiene. Nächster Benutzer, zur Zeit des Zweiten Weltkriegs, wurde Adolf Hitlers politische Polizei mit dem Namen Gestapo. Im Mai 1945 eröffnete in dem Hause zunächst das Potsdamer Stadtgericht, auf Geheiß der sowjetischen Besatzungsmacht, mußte aber, nach bloß vier Wochen, Platz machen für die sowjetische Geheimpolizei NKWD. 1955 übernahm deren ostdeutsche Paralleleinrichtung, das Ministerium für Staatssicherheit, diesen Komplex und requirierte während der folgenden Jahre für seine Zwecke noch die beiden Nebengebäude, von denen eines zuvor als kirchliche, das andere aber als gastronomische Einrichtung gedient hatte. Die Lindenstraße war inzwischen umbenannt worden, nach Otto Nuschke, einem führenden Repräsentanten der DDR-Blockpartei CDU. Seit dem Herbst 1989 ist das Gebäude ein Tagungs- und Versammlungsort geworden für die neuen Linksparteien in der DDR, ausgenommen die SED-Nachfolgeeinrichtung PDS. Einige der heutigen Nutzer saßen in dem Haus früher als Häftlinge. Eine alternative Szene-Kneipe wurde eröffnet. Sie erfreut sich außerordentlichen Zuspruchs. Über dem Eingang hängt eine Video-Kamera. Immer in den zweihundertsechzig Jahren seines Bestehens hat das Gebäude also dem Zeitgeist gedient.

24

Zitat aus aus der (Ost-)Berliner Zeitung Nr. 89/90: »Der vielleicht makaberste Trödelmarkt unserer Zeit hat sich hinter dem Checkpoint Charly ausgebreitet. Hier gibt's Polit-Antiquitäten en gros und en detail... Vor einem weißen Lada mit Ostberliner Kennzeichen liegt auf einem Klapptisch unter anderem das Mitgliedsbuch des ehemaligen Genossen Holger Kaiser aus Radebeul. Aus dem roten Dokument in Plastehülle läßt sich ein Stück Biographie des früheren Eigentümers ablesen: geboren 1968, mit 20 Jahren in die Partei eingetreten, dann in kurzer Zeit beruflich vorwärts gekommen (der monatliche Beitrag stieg in anderthalb Jahren von 18 auf 36 Mark). Der letzte Obolus wurde im Dezember 1989 entrichtet. 50 D-Mark will der Anbieter haben. Wo er denn das Büchlein her habe, frage ich. Seine Antwort: ›Kann ick nich verraten! Aber ick hab noch andere. Ick biet' jeden Tach nur eens an; det hält die Preise.‹«

25

Aus einem Zeitungsbericht: »Die berühmte Leipziger Montagsdemonstration vom 9. Oktober war dann auch für Erfurt, der mit 220 000 Einwohnern größten Stadt Thüringens, das Zeichen. Drei Tage später, am 12. Oktober, versammelten sich 40 000 Menschen auf dem Domplatz und riefen: ›Stasi in die Produktion!‹ und ›Rosi raus aus dem Rathaus!‹. Gemeint war die Oberbürgermeisterin Rosemarie Seibert. Einer ihrer Stellvertreter, zuständig für Kaderfragen, kommentierte in einer Ratssitzung das Aufbegehren der Erfurter Bürgerschaft: ›Die Ratten verlassen ihre Löcher.‹ Der Herr lebt heute im Westen.«

26

Es sind noch die alten Richter in Ost-Berlin«, äußert der aus Leipzig stammende Schriftsteller Erich Loest, als er erfährt, daß ein 1958 gegen ihn ergangenes und vollstrecktes Urteil auf siebeneinhalb Jahre Freiheitsentzug entsprechend dem Antrag der DDR-Generalstaatsanwaltschaft kassiert werden soll. »Die Spitzen sind ausgewechselt«, äußert er, »ehemalige Stellvertreter sind nachgerückt. Sie waren Täter, sonst wären sie noch nicht einmal durchs Studium gekommen. Sie haben Recht gebeugt, sonst hätten sie sich keinen Tag auf ihren Stühlen halten können. Jetzt machen sie Unrecht gut, auch solches, das sie selbst auf dem Gewissen haben.«

27

Laut Anzeige in einer Berliner Stadtillustrierten ist, gegen Vorkasse von 30 D-Mark, der Bezug eines T-Shirts möglich mit dem Aufdruck »Ick will meine Mauer wieder ham!«

28

Was da jahrzehntelang zusammengeschrieben wurde«, notiert der aus der DDR stammende Schriftsteller Günter Kunert im April 1990 über die Belletristik in seinem Herkunftsland, »und des Staatsapparats bedurfte, um gedruckt zu werden, war schon am Erscheinungstage Makulatur: Fabrikate der Mittelmäßigkeit, die nun im Orkus verschwinden. Ihre

Verfasser jedoch, und das ist die trostlose Kehrseite einstiger ›Literaturförderung‹, erwiesen sich zu allem bereit. Ihre meist dürftigen Privilegien veranlaßten sie, die Minorität der Abweichler stets niederzustimmen oder ihrer Unterdrückung und Verfolgung wortlos oder gar beifällig zuzusehen.«

29

Da ich«, sagt ein lange verfemter DDR-Künstler, »die letzten zehn Jahre in meiner Heimat nichts mehr zu tun bekam, mußte ich auf den westdeutschen Markt ausweichen. Ich lernte die dortigen Regeln kennen. Heute fühle ich mich für die marktwirtschaftliche Zukunft viel besser gerüstet als jene wohlgelittenen DDR-Künstler, aus deren Reihen man mich einst stieß. Erich Honecker hat ihnen, indem er sie vorzog, geschadet. Mir, indem er mich strafte, hat er genützt. Ich danke ihm.«

30

Das Zentrale Orchester der Nationalen Volksarmee empfahl sich der West-Berliner Kulturbehörde mit einem Schreiben, das diese Sätze enthielt: »Die Vielseitigkeit und Attraktivität unseres Orchesters garantiert jedem Veranstalter die volle Erfüllung der Publikumserwartungen. Möglich ist auch der Einsatz in ziviler Form als ›Großes Blasorchester Berlin‹.«

31

Zur Strafe wollten wir die DDR rechts liegen lassen, vorläufig nicht mehr hinfahren«, schrieb der Glossist einer westdeutschen Tageszeitung. »Der im Wahlkater eingeschlichene linde Vereinigungsekel wich wieder der normalen freundlichen Skepsis.« Der Glossist fügt hinzu: »Peinlich berühren die Schlangen vor Tschibo, das harte Gedränge für Westkaffee. Dann denkt man an das gerade verzehrte Heißgetränk im Nichtrauchercafé und steht plötzlich selbst in der Schlange.«

32

Zitat aus einem DDR-Wochenblatt: »Die Frage, wann *wir* den ersten Bestechungsskandal haben werden oder den ersten Steuerkriminellen zum Parteivorsitzenden, muß noch unbeantwortet bleiben.«

33

Das Schloß am Teupitzsee, in der Nähe Berlins, war zuletzt eine luxuriös ausgestattete Freizeitanlage für die Führungsriege der alten SED. Nach den bewegten Ereignissen des Herbstes 1989 drangen Abgesandte von Bürgerkomitees in das Gelände ein, Zeitungen schrieben über das Vorgefundene im Ton von Empörung und Abscheu. Die allseits akzeptierte Losung war: »Das Schloß in Volkes Hand!« Inzwischen erfolgte die Umwandlung in ein Hotel, der Preis für ein Doppelzimmer beträgt 165 Mark. »Ich vermute«, schrieb jemand, »die Teupitzer, die vorher nicht in dem Schloß waren, werden auch künftig draußen bleiben.«

34

In hessischen Ortschaften an der Grenze zu Thüringen ist es nach dem 9. November 1989 zu einer erheblichen wirtschaftlichen Bedrohung der dort tätigen Friedhofsunternehmungen gekommen. Grenznahe bundesdeutsche Bestattungsinstitute ziehen es häufig vor, anstehende Einäscherungen in den nahen Krematorien der DDR vornehmen zu lassen, da dort die Preise vergleichsweise niedrig sind und zusätzlich begünstigt werden durch das deutsch-deutsche Währungsgefälle. Allerdings verfügen die großenteils technisch veralteten ostdeutschen Krematorien noch nicht über die in der Bundesrepublik üblichen Vorrichtungen zum Umweltschutz, so daß es, bei entsprechender Windrichtung, geschehen kann, daß die gasförmigen Verbrennungsrückstände der Toten geruchsbelästigend zurückkehren in ihr Ursprungsland.

35

Der Lehrer M., der kein Mitglied der SED gewesen ist, von dem aber mehrere Beteuerungen hinsichtlich seiner Treue zum Sozialismus vorliegen, hat erfolgreich einen Vorgesetzten denunziert, um dessen Stelle zu bekommen. Auf Vorhaltungen eines

Bürgerkomitees, das in die Akten Einsicht genommen hat, erklärt M., er habe sich nur angepaßt, weil ihm sonst die Verhaftung wegen staatsfeindlicher Äußerungen gedroht habe. Im übrigen legt M. einige Entlastungsschreiben kirchlicher Stellen vor. In der ausführlichen Diskussion geben einige Vertreter des Bürgerkomitees zu bedenken, es könne auch nicht ausgeschlossen werden, daß die belastenden Dokumente vom Staatssicherheitsdienst stammen.« Diese Geschichte erzählt der Journalist Riehl-Heyse. Er fügt hinzu, er habe einige Details verändert. »Richtig muß es nämlich statt Staatssicherheitsdienst Gestapo heißen, statt Bürgerkomitee Spruchkammer, und es war auch nicht der Sozialismus, zu dem M. sich bekannt hatte, sondern der Nationalsozialismus.« Was aber das weitere Schicksal des M. angehe, so sei dieser aus dem Entnazifizierungsverfahren als »nicht betroffen«, also unschuldig hervorgegangen.

36

Man behauptet, die alte SED-Spitze habe keinen Realitätssinn gehabt. Auf der achten Tagung des ZK der SED, im Sommer 1989, hieß es im Bericht des Politbüros: »Die ›Mauer‹ wird es so lange geben, bis die Ursachen, die zu ihrer Errichtung führten, beseitigt sind.« Im Licht der bald darauf geschehenen Ereignisse offenbart dieser Ausspruch eine geradezu selbstkritische Wirklichkeitsnähe.

37

Glaubt man den Aussagen Erich Honeckers vor dem
DDR-Staatsanwalt«, sagt ein Beobachter, »so hat
sogar der höchste Mann im SED-Staat die letzten
Jahre seines Lebens im Widerstand gegen sich selbst
verbracht.«

38

Wer vor dem Herbst 1989 in der DDR besondere
materielle Bevorzugungen erfuhr, stand selbstverständlich in Diensten des Ministeriums für Staatssicherheit, wobei die Bevorzugung der für die gelei-
stete Arbeit empfangene materielle Lohn war. Wer
vor dem Herbst 1989 in der DDR materiell besonders benachteiligt lebte, stand selbstverständlich in
Diensten des Ministeriums für Staatssicherheit, wobei die Benachteiligung die für seine Arbeit erforder-
liche Tarnung war. Wer vor dem Herbst 1989 in der
DDR mit den Ordnungsbehörden nicht in Konflikt
geriet, vielmehr ständig in Freiheit lebte, stand
selbstverständlich in Diensten des Ministeriums für
Staatssicherheit: Die Konfliktfreiheit war dafür der
Beweis. Wer vor dem Herbst 1989 mit den Ordnungsbehörden in Konflikt geriet, daß er schließlich inhaftiert wurde, stand selbstverständlich in Diensten des
Ministeriums für Staatssicherheit, da die politische
Haft der am besten geeignete Ort war, Spitzel und
Agenten zu pressen. Wer in den Karteien des Ministeriums für Staatssicherheit der DDR heute keinen

Vermerk als Inoffizieller Mitarbeiter oder Spitzel trägt, ist gleichwohl ein Inoffizieller Mitarbeiter oder Spitzel gewesen, dem es lediglich gelang, seine Unterlagen rechtzeitig verschwinden zu lassen. Wer in den Karteien des Ministeriums für Staatssicherheit der DDR heute einen Vermerk als Inoffizieller Mitarbeiter oder Spitzel trägt, ist durchaus kein Inoffizieller Mitarbeiter oder Spitzel gewesen, da es früheren Angestellten des Ministeriums gegeben war, entsprechende Fälschungen unterzubringen. Der neuen Regierung der DDR wird empfohlen, die Worte Ministerium für Staatssicherheit oder Stasi durch eine entsprechende Verfügung aus dem offiziellen Sprachgebrauch entfernen und durch das Wort Opportunismus ersetzen zu lassen.

39

Keimzellen der Erhebung waren die Kirchen. Der Widerstand verbarg sich hinter religiösen Formulierungen. Im Land herrschten Armut und Stagnation, während die Herrschenden, als wäre nichts, ihrer Lieblingszerstreuung nachgingen, der Jagd, zum Zorn der kleinen Leute. Es kam schließlich zu einer spürbaren Krise der Wirtschaft. Die profiliertesten unter den Anführern der Revolution waren protestantische Theologen, und die politische Hauptaussage war: Man bestand darauf, als Volk das Subjekt zu sein. Die Rede ist vom Bauernkrieg aus dem Jahre 1525, dessen in dieser Form geschilderte Umstände in einer musealen Gedenkstätte, am Kornmarkt im

thüringischen Mühlhausen, von der SED installiert
worden sind.

40

Ohne tiefe wirtschaftliche Krise«, schreibt der Publizist Peter Bender, »wäre der Kommunismus nicht
zusammengebrochen, die Krise ist die Mutter der
Demokratie, aber sie lebt weiter und droht, ihr Kind
zu verschlingen.«

41

Fabriken und langweilige Straßenfronten... Der
Anblick läßt den Betrachter oft bitter werden...
Neben den Neubauten stehen noch die alten Ruinen... Die Leipziger City gleicht dem Mund eines
verwahrlosten alten Weibes; wie Weiberzähne stehen die Häuser da, schwärzlich und schief und mit
vielen Lücken...« Dieser Bericht wurde 1956
geschrieben. Der Verfasser kam seiner drohenden
Verhaftung durch die Flucht zuvor.

42

Im Vorfeld des 1. Mai 1990 erinnerte man sich daran,
daß die Losungen, die in früheren Jahren für diesen
Tag offiziell ausgegeben wurden durch das Zentral-
komitee der SED, im Jahre 1989 erstmals die
Freundschaft zur Sowjetunion ausließen. »Bei aller
Verlogenheit sonst«, sagte anerkennend ein Zeitge-
nosse, »hier waren die alten Greise ehrlich.«

43

Bei der verordneten Demonstration des 1. Mai 1989
in Ost-Berlin schob ein junger Mann seinen behin-
derten Freund im Rollstuhl über die Karl-Marx-
Allee, außerdem trug er an einer Stange ein selbstbe-
schafftes Portrait von Michail Gorbatschow. Als er
die Höhe der Ehrentribüne mit den Angehörigen
der Partei- und Staatsführung erreicht hatte, eilten
umgehend fünf Zivilisten auf ihn zu. Sie versuchten
ihn abzudrängen und forderten ihn auf, sein Plakat
zu verbergen. Der Mann weigerte sich, worauf er in
den Polizeigriff genommen wurde. Man verletzte
dabei seine Hand. Auch der Rollstuhlfahrer trug
eine Prellung davon. Der Festgenommene wurde in
ein Fahrzeug gestoßen. Hilfe angesichts seiner Ver-
letzung wurde ihm verweigert. Man führte ihn zur
Vernehmung. Auch der Vernehmer weigerte sich,
ebenso wie die Männer, welche die Festnahme
durchgeführt hatten, sich auszuweisen. Der junge
Mann wurde bald nach dem Verhör freigelassen.
Darauf erstattete er mit Hilfe seines Rechtsanwalts
Anzeige gegen Unbekannt. Mitte Juni 1989 erhielt er
deswegen einen Termin für eine Aussprache bei der
Staatsanwaltschaft, zu dem er sich durch einen Zeu-
gen, seinen Vater, begleiten ließ. Die Anwältin hieß
Hahn. Der Vater, ein 64jähriger Mann, geriet mit ihr
in einen heftigen Streit. Die Anwältin äußerte Sym-
pathien für die Staatssicherheit und stieß böse Dro-
hungen aus, man ging im Unfrieden auseinander.
Februar 1990 erfolgte dann ein abschließender

Bescheid der Kriminalpolizei: Die Anzeige werde zurückverfügt, und Ermittlungen würden nicht angestellt; Beschwerde über diesen Bescheid könne bei der Staatsanwaltschaft erhoben werden, bei der die Angelegenheit bearbeitenden Anwältin, sie hieß immer noch Hahn. Der Anwalt, den der junge Mann beschäftigt hatte, war jetzt nicht mehr verfügbar. Er hieß Lothar de Maizière.

44

In Berlin wird es immer bunter, jetzt soll eine neue Währung kommen«, schreibt Margot Voss in einem Brief. »Am Bahnhof Zoo ist Schwarzmarkt, da stehen die Geldhändler und murmeln Ost gegen West. Bengels von 17 Jahren sind Großschieber. Ab und zu Razzien, aber nach einer Stunde geht's wieder weiter...« Margot Voss war eine Prostituierte. Empfänger ihres Briefes war der im kalifornischen Exil lebende Schriftsteller Heinrich Mann. Abgefaßt wurde der Brief im Jahre 1948.

45

Das Fazit seiner Politik: eine ruinierte Wirtschaft, eine stagnierende und rückläufige Landwirtschaft, verbitterte Arbeiter, Bauern und Intellektuelle, Lethargie und Resignation in der Bevölkerung, Passivität und prinzipienloser Karrierismus in der Partei, Ablehnung dieses Systems durch die Masse des deutschen Volkes. Er muß die Grenzen bewachen lassen, wie noch nie deutsche Grenzen bewacht wurden, er muß eine Mauer und Stacheldraht quer durch Berlin ziehen, damit ihm nicht die Leute restlos davonlaufen. Was muß eigentlich noch geschehen, bis sich der ehrliche Kern der Partei aufrafft und sagt: Dieser Mann und seine Helfer müssen weg!« Dies wurde keinesfalls im Sommer 1989 geschrieben und als Urteil über Erich Honecker, es war vielmehr Walter Ulbricht damit gemeint und wurde geschrieben im Sommer 1962.

46

In der Bevölkerung der Bundesrepublik«, schreibt ein westdeutscher Sozialforscher, »war das Interesse an der DDR-Realität ähnlich gering wie im Politbüro der SED.«

47

Aus einem offenen Brief des DDR-Journalisten Köhler an den Direktor seiner Schule: »Was sind schon die Jagdschlösser von Honecker und Mittag, die niemand bisher richtig kannte, was sind die Geschäfte von Alexander Schalck, von denen wir ja im Intershop profitierten, gegen Ihre Anmaßung, massenhaft jungen Menschen die Zukunft vorzubestimmen, kraft irgendwelcher ›pädagogischer Gutachten‹ Wege zu öffnen oder zu verbauen, frei nach Weltbild und Konformismus. Das sind die wirklichen Staatsverbrechen, die hart bestraft gehören. Lächerliche Greise einzusperren, vernebelt nur den Blick.«

48

Heute ist es kaum noch interessant, einen Beamten des SED-Regimes der vergangenen oder der gegenwärtigen Lüge zu überführen«, schreibt der Journalist Bernd Ulbrich über eine Begegnung mit dem ehemaligen Stellvertretenden Kulturminister der DDR, Klaus Höpcke. »Doch jedem schlägt einmal die Stunde. Nur jener lebt danach als Gespenst weiter, und das ist nicht der übelste Job.« Klaus Höpcke war inzwischen Vorstandsmitglied in der SED-Nachfolgeorganisation PDS geworden.

49

Der auf dem Schlachtberg bei Bad Frankenhausen in Thüringen für insgesamt 40 Millionen Mark errichtete Rundbau enthält nichts weiter als ein illuminiertes Kolossalgemälde des Leipziger Malers Werner Tübke, auf welchem der Untergang des deutschen Bauernkriegsführers Thomas Müntzer thematisiert wird. Bei den Leuten trägt das Gebäude, das 64 ständige Mitarbeiter beschäftigt, den Namen Faultier-Ranch.

50

Der kürzeste Kommentar zur inneren Befindlichkeit der DDR im Frühjahr 1990 findet sich als Sgrafitto auf einem Bauzaun an der Berliner Otto-Grotewohl-Straße: »Libertee als Einheitssoße.«

51

Jemand begrüßte den bevorstehenden Einzug des Spätkapitalismus auf das Territorium der DDR mit den Worten: »Endlich kann man hier wieder guten Gewissens links sein.«

52

Auf einem Stadtteilfest in Ost-Berlin erhobene Forderung: »Selbstdenkende aller Länder – vereinigt euch!«

53

Durch eine Anfang Mai 1990 auf dem Ost-Berliner Kollwitzplatz zu lesende Aufschrift wurde die den Bewohnern der DDR bevorstehende Zukunft prognostiziert: »Härter arbeiten/Bunter kaufen/Schöner wohnen/Schneller ficken«.

54

Der gesellschaftliche Übergang in der gegenwärtigen DDR wird ablesbar an dem sich ändernden Verständnis einzelner Wörter. Für die thüringischen Landwirte war der Schlachtberg bisher eine geologische Erhebung, nahe Bad Frankenhausen, wo, vor fast einem halben Jahrtausend, eine entscheidende militärische Auseinandersetzung im Deutschen Bauernkrieg stattgefunden hatte. Inzwischen verbindet sich für sie dieser Name eher mit Absatz-, Metzger- und Kühlhausproblemen auf dem EG-Agrarmarkt.

55

Für die Bewußtseinslage in der Nationalen Volksarmee der DDR und womöglich für die Moral deutscher Soldaten überhaupt steht der Ausspruch eines Obersten der DDR-Luftstreitkräfte, der in der Wahlnacht des 18. März 1990 einem Fernsehreporter gegenüber äußerte: »Ich fliege unter jeder Regierung gegen jedes Ziel.«

56

Die DDR im Frühling«, schreibt ein westdeutsches Tageblatt Anfang Mai 1990, »macht manchmal den Eindruck, als sei es ein Land nach einem verlorenen Krieg und nicht nach einer gewonnenen Revolution.«

57

Er sei jetzt parteilos, heißt es von dem Direktor eines wissenschaftlichen Instituts in Dresden. Schon im Herbst habe er gesehen, wohin diese Demonstrationen führen würden. Man erinnert sich: »Im September hat er sich über die Ungarn erbost, weil sie Grenzen aufgemacht hatten. Im November verkündete er, daß die Theorie tot ist, und im Januar, daß er im Juni ein Managerstudium in den USA anfangen werde.«

58

Im Jahre 1971 begaben sich in der brandenburgischen Ortschaft Eberswalde/Finow drei offensichtlich homosexuell-sadistische Knabenmorde. Als
Täter konnte ein neunzehnjähriger Mann festgenommen und überführt werden, Erwin H., der dann
in einem Verfahren vor dem Bezirksgericht Frank-
furt/Oder zum Tode verurteilt wurde. Ein Revisions-
antrag seines Verteidigers beim Obersten Gericht
der DDR wurde verworfen, der Staatsratsvorsit-
zende, Walter Ulbricht, lehnte ein Gnadenersuchen
ab, H. wurde hingerichtet. Ein Regisseur beim DDR-
Fernsehfunk, Heinz S., plante einen Kriminalfilm,
der, spielend in der DDR, die Geschichte eines
Sexualdeliktes erzählte, das entfernt an die Ereignisse um Erwin H. erinnerte. Die Film-Arbeiten
wurden zunächst von den DDR-Polizeibehörden
unterstützt. Zu etwa gleicher Zeit interessierte sich
ein in der Bundesrepublik Deutschland lebender
Autor für den Fall Erwin H. und begann in der DDR
mit Recherchen. Regisseur Heinz S., der von diesem
Unternehmen nichts wußte, erfuhr in den Arbeiten
an seinem Film plötzliche, ihm unverständliche
Schwierigkeiten. Er wehrte sich. Der Versuch, seinen Film an die Öffentlichkeit gelangen zu lassen,
führte ihn bis zum Vorsitzenden des Ministerrats,
ohne Erfolg. Der fertige Film wurde eingezogen
und in ein Archiv verbannt, Regisseur Heinz S. verlor seine Stellung. »Ich ging dann Erbsenzählen«,
sagte er später, »machte mal hier, mal dort etwas.

Nichts Gescheites. Arbeitslos war ich nicht.« Im November 1989 begann Heinz S., in den Archiven nach seinem verbotenen Film zu fahnden. Der Film war nicht mehr auffindbar. Heinz S. wandte sich daraufhin an die nach den Herbstereignissen in der DDR gegründete »Untersuchungskommission für verbotene Filme« mit einem ausführlichen Bericht. Inzwischen wurden Teile seines Filmes wiedergefunden. Ob sie noch verwendbar sind, muß geprüft werden. Erwin H., der Sexualmörder, hatte kurz vor seiner Festnahme in die SED aufgenommen werden sollen. Damals war über ihn in einer Zeitung geschrieben worden: »Ein junger Mann von heute, ein Jungsozialist, der mit seinem Fleiß, seinen schöpferischen Ambitionen anderen hilft, sich jenes Denken und Handeln zu eigen zu machen, wie es ihm tägliches Bedürfnis ist.«

59

In Jena, heißt es in einem Zeitungsbericht, habe es schon im Januar ein Stadtmagazin gegeben, ganz im Stil der Zeitgeist-Blätter der Bundesrepublik, doch dann habe sich herausgestellt, daß die Stasi es betrieb, und so wurde es wieder geschlossen.

60

Vielleicht finden manche so wenig Geschmack am Neuen«, schreibt ein Journalist, »weil sie nicht genau wissen, was eigentlich schlecht war am Alten.«

61

Eine seit Jahren totgeglaubte Frau ist von ihren Geschwistern in der geschlossenen Psychiatrie-Anstalt Waldheim aufgefunden worden. Eine gerichtliche Grundlage für die Einweisung in die Anstalt hatte es nicht gegeben, die aufgefundene Krankenakte der Frau war offensichtlich gefälscht. Der nach den Herbstereignissen in der DDR kommissarisch eingesetzte Leiter der Anstalt erklärte, daß »nicht nur die Stasi in Waldheim ein und aus gegangen sei, sondern daß darüber hinaus auch gesunde Menschen hinter den Anstaltsmauern verschwunden« seien. Der eigentliche und verantwortliche Leiter der Anstalt, Poppe, befand sich auf der Flucht.

62

Die neuen Bedingungen«, heißt es in einem Zeitungsbericht aus der DDR, »haben die Städte schon verändert, allen voran Leipzig, dessen City vielen jetzt wie ein einziger Flohmarkt vorkommt. ›Ja, ja‹, lächelt bekümmert ein Kombinatsdirektor aus dem Erzgebirge, der schon oft im Westen war, ›das ist ja wohl auch nicht das, wofür die Leute auf der Straße ihr Leben riskiert haben.‹«

63

In der alten DDR wurde infolge der Nicht-Konvertibilität der heimischen Währung ein beträchtlicher Teil des grenzüberschreitenden Handels nach dem

Prinzip des Naturalienaustausches vorgenommen, was nach Einführung der D-Mark als alleinigem Zahlungsmittel in der DDR nunmehr aufhören soll. Damit wird auch ein Vorgang enden, der sich in den Devisenhotels des Landes abzuspielen pflegte und der darin bestand, daß Männer, die käufliche Liebe suchten, jene Waren, mit denen sie den entsprechenden Dienst zu bezahlen gedachten, zumeist höherwertige Gebrauchsgüter wie Textilien und Kosmetika, in durchsichtigen Kunststoffbeuteln mit sich führten. Den Beutel in der Hand, promenierten sie vor den Fenstern bestimmter Kaffeehäuser. Hinter den Fenstern saßen die Gelegenheits-Prostituierten, die bei einer sie ansprechenden Warenofferte ihren Platz und das Kaffeehaus verließen, um sich mit dem Kunden einzulassen. Der Vorgang trug den Namen »Beutelsex«.

64

Auch der beliebte Glaube«, heißt es in einer Zeitung, »die ›wahre‹ Revolution vom Oktober in Leipzig und vom 4. November auf dem Alexanderplatz sei später verraten worden, ist eine Variante dieses immer noch utopischen Denkens – des Mythos, daß das Gute für alle geplant werden müsse, um den einzelnen vor seinen möglicherweise nicht ganz so guten Absichten in Schutz zu nehmen.«

65

Wie Agenturen und Zeitungen meldeten, haben in Dresden während der fünfziger Jahre Hinrichtungen stattgefunden an Menschen, die aus politischen Gründen zum Tode verurteilt worden waren. Nach Mitteilung von Dietmar Hildebrand, Leiter des Krematoriums Tolkewitz, wo die Leichen der Hingerichteten anschließend eingeäschert wurden, fanden die Exekutionen statt, indem die Verurteilten in den frühen Morgenstunden mit unverbundenen Augen auf ein Brett geschnallt und dann hinter die Guillotine geschoben wurden. Ort war die ehemalige Hinrichtungsstätte des Volksgerichtshofes Dresden, wo vor 1945 zahlreiche Gegner des Nationalsozialismus hingerichtet worden waren. Als Mahn- und Gedenkstätte wurde sie später Teil eines Gebäudes der Technischen Universität.

66

Eine angesehene Hamburger Wochenzeitung gab Hans Modrow, dem ehemaligen DDR-Ministerpräsidenten, in drei ausführlichen Folgen Gelegenheit zur Selbstdarstellung. »Der arme Modrow«, kommentierte eine andere Hamburger Wochenschrift, »der in dieser Revolution eigentlich nichts weiter als Überstunden gemacht hat, will nun als chronischer Widerstandskämpfer und keuscher Held dastehen.«

67

In einem Zeitungsinterview antwortete der damalige DDR-Innenminister Peter-Michael Diestel auf die Frage, wieso er ausgerechnet Angehörige des früheren Ministeriums für Staatssicherheit in seinen Dienst übernommen habe, mit dem Hinweis, er habe diese sehr gut ausgebildeten und hochmotivierten Leute nicht der Mafia überlassen wollen. Er schien nicht zu begreifen, daß er mit einer solchen Äußerung und der daraus folgenden Maßnahme das Ministerium für Staatssicherheit, die Mafia und sich selbst auf eine Stufe stellte.

68

Das verstorbene ehemalige Mitglied des SED-Politbüros Horst Sindermann durfte nicht mehr, wie noch verschiedene seiner toten Genossen, an der Gedenkstätte der Sozialisten in Berlin-Friedrichsfelde, in unmittelbarer Nähe der Gräber Karl Liebknechts und Rosa Luxemburgs, beigesetzt werden. Er hatte zuletzt sowohl seine Parteiämter als auch seine Parteimitgliedschaft wegen erwiesener Verfehlungen verloren. Die Partei fühlte sich, Erklärungen zufolge, nicht zuständig für ihn. Er erhielt seine Grabstätte auf der letzten Ruhestätte der »Verfolgten des Nationalsozialismus«, zu denen er zweifelsfrei gehörte. In dessen Zentrum ist eine gemeißelte Aufschrift zu lesen, deren Inhalt auf Sindermanns Schicksal zutrifft: »Die Toten mahnen«.

69

Die Mitläufer sind unter uns«, schrieb der Ost-Berliner Hochschullehrer Heinrich Olschowski. »Und sie haben ein gutes Gewissen, weil sie es nicht benutzten.«

70

Bei Durchsicht der von den ehemaligen Staatssicherheitsbehörden zurückgelassenen schriftlichen Unterlagen im Raume Neubrandenburg war festzustellen, daß wenigstens in einem Falle ein oppositioneller Friedensgesprächskreis aus dem Umfeld der evangelischen Kirche derartig von sogenannten Inoffiziellen Mitarbeitern, abgekürzt IM, also Spitzeln, unterwandert worden war, daß es, um den Gesprächskreis aufzulösen, lediglich notwendig gewesen wäre, sämtliche Spitzel zurückzuziehen.

71

Die kürzeste Beschreibung der in der DDR seit dem Herbst 1989 erfolgten Veränderungen geschah bei einer durch den Deutschen Fernsehfunk in Ost-Berlin ausgestrahlten Gesprächsrunde. Ein Teilnehmer vermerkte, früher habe man im Land die flächendeckende Observation gehabt, und jetzt habe man die flächendeckende Denunziation.

72

Ein Beispiel für die Wirksamkeit sozialistischer Nachbarschaftshilfe in der früheren DDR, aber auch von wirtschaftlicher Rechnungsführung und allgemeiner politischer Überwachung dortselbst ist das Schicksal des Dresdners Rudi Panoschka. Er kehrte eines Abends aus seinem Schrebergarten in seine Mietwohnung zurück. Niemand entdeckte, über einen Zeitraum von drei Monaten hinweg, daß er sich hinfort weder zur Arbeit begab, noch seine Miete entrichtete noch überhaupt in der Öffentlichkeit auftrat. Schließlich brach man seine Wohnungstür auf und fand Rudi Panoschka, auf seinem Sofa liegend und verstorben. Er war in der Zwischenzeit bis auf das Skelett verwest.

73

Über die Personalpolitik im Wissenschaftsbetrieb der früheren und heutigen DDR schreibt das Wochenblatt Sonntag, Ausgabe 20/90: »Die unkontrollierte Macht der Partei im Rücken, verstand es eine negative Elite, sich auf Kosten anderer zu etablieren. Wer zum z. B. durch einen Irrtum in die Wissenschaft geraten war und durch seine Dummheit Schrecken verbreitete, wurde Leiter. Ein Busenfreund in der ZK-Abteilung sicherte ihm die Hochschulkarriere. Sein Aufstieg von der Provinz in die Hauptstadt, auf der Welle von ihm selbst inszenierter ideologischer Kampagnen, ruinierte den Ruf eines ganzen Faches. Um dem fachlichen Vergleich mit möglichen Kontrahenten aus dem Wege zu gehen, wurden diese vorsorglich hinausgefegt mit dem eisernen Besen ideologischer Denunziation. Ein anderer brauchte, um Komplexe wettzumachen, das triumphale Gefühl der Macht über Menschen. Ein fauler Intrigant mit übersteigertem Geltungsbedürfnis und hinlänglicher Intelligenz richtete sich als Stasi-Spitzel mit Fachqualifikation ein und brachte es so zu professoralem Amt und Gehalt. Dem unaufhaltsamen Aufstieg der Inkompetenz und Niedertracht sah die Umgebung – redliche Parteimitglieder wie Parteilose – in beiden Fällen zornig, eingeschüchtert und stumm zu. Solche Vertreter des intellektuellen Hofstaates der SED sind heute wieder wendig am Werk. Keiner von ihnen sieht Veranlassung zu Selbstbesinnung und Selbstkritik. Der Zusammenbruch und der Neubeginn berühren ihre Moral nicht. Die Revolution handeln sie ab wie den nächsten Punkt auf der Tagesordnung ihrer Karriere.«

74

Einer der bekanntesten Wirtschaftsführer der DDR, Warzecha, teilte in einer Rede vor westdeutschen Unternehmern mit, wieso die wirtschaftliche Umstellung ab 1. Juli 1990 für die meisten vormals volkseigenen Unternehmen der DDR verheerende Folgen haben müsse. Das Anlagevermögen dieser Betriebe sei völlig willkürlich behandelt worden. Wenn Maschinen und Gebäude abgeschrieben waren, habe man sie zum Anschaffungswert wieder neu angesetzt, um auf diese Weise die Steuern zu sichern, die auf dem Anlagevermögen lasteten und die an den Staat abzuführen waren. Die Folge sei gewesen, daß die Anlagen fast überall mehrfach abgeschrieben worden seien und heute uralte Maschinen zu völlig fiktiven Werten in den Bilanzen stünden. Setzte man sie aber ihren tatsächlichen Werten entsprechend auf Null, ergebe sich angesichts der schwergewichtigen Passivseite, wo die aufgenommenen Kredite stünden, eine Überschuldung und somit die Notwendigkeit, Konkurs zu beantragen.

75

Die Hoffnung auf ein verwirklichtes Utopia war ungebrochen. Aber die Enttäuschung darüber, daß wir versagt haben, war wie eine offene Wunde.« Diese Bekenntnissätze stammen nicht von einem enttäuschten Marx-und-Lenin-Anhänger aus der gegenwärtigen DDR, sondern von einem ernüchterten westdeutschen Schüler des Rajneesh Chandra Mohan aus Poona, der sich Baghwan nannte.

76

Für die innere Situation des in der DDR praktizierten Erziehungssystems ist kennzeichnend, daß die Staatsbürgerkunde-Lehrer neuerdings zu den Pfarrern gehen, um sich dort sagen zu lassen, was sie den ihnen anvertrauten Kindern beibringen sollen.

77

Beschreibung der DDR, Frühjahr 1990: 16 Millionen SED-Opfer jagen 16 Millionen Stasi-Spitzel.

78

Sgrafitto am Prenzlauer Berg in Ost-Berlin: »rot denken, grün wählen, schwarz arbeiten.«

79

Wer will«, notiert der Schriftsteller Günter Kunert, »kann nachlesen, wie nach dem Ende des Sezessionskrieges der Süd- gegen die Nordstaaten viele der nun befreiten schwarzen Sklaven ihre Herrschaft nicht verlassen wollten, um sich nicht den unsicheren Verhältnissen eines ganz anderen Systems im Norden auszusetzen. Die ›Onkel-Tom-Mentalität‹ heißt das: die Bevorzugung einer erniedrigenden Geborgenheit innerhalb überlebter Zustände, aus Angst vor den Ungewißheiten und Gefahren einer nie vordem erfahrenen Freiheit. Die Alternative einer ›demokratischen Sklaverei‹, einer ›Sklaverei mit menschlichem Antlitz‹ hat es, soweit bekannt, als geschichtliches Beispiel nicht gegeben.«

80

Es scheint mir noch immer ein Traum, wenn ich daran denke, daß er nicht mehr mit uns ist, nie mehr mit uns jagen wird. Jeder Stein erinnert an den unvergeßlichen Freund, und man glaubt immer, er müsse unter uns erscheinen ...« Dieser Nachruf galt nicht dem gescheiterten Staatsratsvorsitzenden der DDR, Erich Honecker, sondern dem gescheiterten Kaiser von Mexiko, Maximilian, dem diese freundlichen Worte sein Bruder Franz Josef widmete, Kaiser von Österreich.

81

Sgrafitto in Ost-Berlin: »Fuck off Germoney.«

82

Nach dem Zusammenbruch der sozialistischen Ordnungen in den Ländern Osteuropas ergeben sich linke Kreise der anhaltenden Klage über das Scheitern und Fehlen von Utopien. In dem Ende Mai 1990 gehaltenen Vortrag eines linken Denkers wurden Ausführungen gemacht über die »konkrete Utopie von Öffentlichkeit als eines sachlich, sozial und zeitlich unabgeschlossenen Raums«. Ein Zuhörer fragte sich, völlig zu Recht, »wie diese Utopie denn gelingen soll, wenn es ihren Kündern noch nicht einmal gelingt, einen Dativ durchzuhalten«.

83

Das muß damals gewesen sein«, notierte ein Ost-Berliner Journalist über die Zustände der früheren DDR, »daß die resoluten Revolutionäre von dereinst und ihre Zuarbeiter endgültig kapiert hatten, für alle reicht es wieder nicht, dann wollen wir doch Sorge tragen, damit es wenigstens für uns reicht. Ihre, sagen wir, Verdienste dotierten sie hoch. Die Schmeißfliegen aller Schattierungen ließen nicht auf sich warten. Den anderen war Ehrerbietung, plakative Zustimmung und demonstrative Glückseligkeit dringend ans Herz gelegt. Bislang das Schicksal aller Revolutionen, einschließlich der friedlichen, scheint mir.«

84

Der tschechische Musikwissenschaftler Jaroslav Jiránek stand früher in dem Ruf eines gefürchteten stalinistischen Ideologen. Als der aus Böhmen stammende Tonsetzer Bohuslav Martinu bald nach dem Kriegsende gebeten werden sollte, seiner Heimat einen Besuch abzustatten, führte Jiránek die einflußreiche Gruppe jener an, die gegen diesen Besuch opponierten, woraufhin Martinu von dem Vorhaben überhaupt abließ. 1959 starb er, ohne sein Vaterland nochmals wiedergesehen zu haben. Im Frühjahr 1990, nach den politischen Umwälzungen im Land, sollte in der Tschechoslowakei ein internationaler Martinu-Kongreß stattfinden. Als einer der beiden Präsidenten fungierte Jaroslav Jiránek.

85

Offen ist nur, ob sich«, schrieb in der Ost-Berliner Wochenzeitung Sonntag Autor Paul Oswald über die in seinem Lande anstehenden Veränderungen, »auch eine DDR-Sektion der RAF fände – wenn schon BRD, dann richtig. Oder wie?« Als das erschien, wurden gerade die in der DDR untergetauchten RAF-Mitglieder Albrecht, Viett, Seckendorff und andere verhaftet.

86

DDR-Autor Heinz Knobloch mokiert sich im Magazin der Süddeutschen Zeitung über DDR-Autor Erik Neutsch, weil dieser seine literarische Stellungnahme zur CSSR-Intervention revidiert und darüber öffentlich Mitteilung gemacht habe. Heinz Knobloch war, wie Erik Neutsch, bis 1989 Mitglied der SED. Wie dieser erhielt er höchste Staatspreise. Seine Literatur war der alten Herrschaft wohlgefällig, wie jene Neutschs, den er, im Unterschied zu sich selbst, »nahe der Grenze des Unzumutbaren« sieht.

87

Karl-Heinz Gerstner, studierter Jurist, trat am 1. Juni 1933 ein in Adolf Hitlers NSDAP. Er wurde 1941 Legationssekretär an der Deutschen Botschaft im besetzten Paris. Als sein Förderer galt der später wegen Kriegsverbrechen zu 20 Jahren Zuchthaus verurteilte Diplomat Otto Abetz. Der Leiter des Jüdischen Dokumentationszentrums in Wien, Simon Wiesenthal, schreibt über ihn: »Dr. Gerstner verfaßte eine Reihe von Broschüren über die Wehrmacht, er soll aber auch Kontakte mit der Résistance gepflegt haben. Die Widerstandsgruppe Pierre Reval und Jacques Rabinet behauptet, Beweise dafür zu besitzen, daß er sich als Agent provocateur betätigte. Eine von Dr. Gerstner damals für die Wehrmacht verfaßte Broschüre trägt den Titel ›Verniggertes Frankreich‹.« Nach 1945 trat Gerstner der SED bei. Er durchlief zunächst eine bürokratische Karriere, in verschiedenen staatlichen Verwaltungen, er wurde schließlich ein einflußreicher Journalist, als Chefkolumnist der SED-eigenen Berliner Zeitung, als Kommentator beim Rundfunk der DDR, als Moderator eines Magazins im DDR-Fernsehfunk. Am 12. Juni 1990 meldete er sich bei der inzwischen demokratisch gewendeten Berliner Zeitung abermals zu Wort, mit einem ausführlichen Beitrag zum Thema »Hoffnung und Zweifel in Sachen Demokratie«. Er nahm darin Abschied vom Sozialismus. Die einschlägigen Vorstellungen: der Sozialismus habe »sie nicht verwirklichen können«. Gerstner fragte: »Wer von uns wollte nicht, daß unsere gegenseitigen Beziehungen auf Nächstenliebe gegründet wären, wer von uns versuchte nicht, seine Kinder zur Nächstenliebe zu erziehen!« Die Annäherung ans Christentum hatte im Spektrum seiner verschiedenen Weltanschauungen noch gefehlt.

88

Das Schicksal von Dissidenten im deutsch-kommu-
nistischen Kulturbereich war grenzüberschreitend.
Der Hamburger Lyriker Peter Schütt, langjähriges
Vorstandsmitglied der Deutschen Kommunistischen
Partei, schreibt in einem Artikel über die finanziel-
len Transaktionen zwischen SED und DKP: »Der
Kofferträger von drüben brachte nicht nur Bares, er
brachte auch Zensurverfügungen mit. Als der Pahl-
Rugenstein Verlag mein Gedichtbändchen ›Moskau
funkt wieder‹ mit der Invektive ›Der Chefideologe‹
herausbrachte, fühlte sich Kurt Hager persönlich
getroffen und entschied: ›Der fliegt raus.‹ Und folg-
lich flog ich mit allen Büchern aus dem Verlagspro-
gramm. Hager sei Dank: Er hat mir zum rechtzeiti-
gen Absprung verholfen.«

89

Die Autorin Eva Zeller läßt in einem ihrer Texte das
bekannte Sperrwerk in der Mitte Berlins als »Hitlers
Mauer« auftreten. Das ostdeutsche Wochenblatt
Sonntag schließt sich dieser Benennung an, da
»gewissermaßen ihr Grundstein bereits 1933 mit der
Machtergreifung« gelegt worden sei. In der banalen
Erkenntnis, daß alles geschichtliche Geschehen
irgendwie miteinander zusammenhängt, wäre zum
Zwecke eines gerechteren Schlafes der Deutschen
zu empfehlen, als Urheber Adolf Hitlers Kaiser Karl
V. auszurufen, als Erfinder Adolf Eichmanns Armin,
den Cherusker.

90

Der Unterschied zwischen roter und brauner Dik-
tatur wird erkennbar an Geschehnissen in der Slo-
wakei. Dort, in einem seit jeher bevorzugten Aufent-
haltsgebiet von Sinti und Roma, existierten für
dieses unerwünschte Volk unter Hitler Konzentrationslager mit, unter anderem, medizinischen Experi-
menten an den Insassen. Unter Husak wurden
Zigeuner, zu diesem Eingriff durch Geldprämien
veranlaßt, einer massenhaften Sterilisation zuge-
führt.

91

In der großen Freiheit der Herbstereignisse von
1989 wurden durch Bürgerkomitees in Zeuthen,
einer Gemeinde südlich Berlins, zahlreiche Gebäude registriert und teilweise beschlagnahmt,
»herrlich zwischen Wäldern und Seen gelegen«, wie
es eine Tageszeitung beschrieb. Einige davon mußten bald wieder zurückerstattet werden, da sie das
zweifelsfreie Eigentum großer Firmen waren, deren
Ansprüche zu Recht bestanden. Verschiedene Gäste-
häuser, ursprünglich sozialen Zwecken zugedacht,
zum Beispiel einem Altenheim, einer Kindertages-
stätte und einem kulturellen Zentrum, mußten veräußert werden, da die staatlich verfügte Auflage
bestand, über solche Objekte unter marktwirtschaft-
lichen Bedingungen zu verfügen. In einem Falle, wo
der Verkauf wegen ungeklärter Eigentumsverhält-
nisse noch nicht zustande kam, fielen infolge War-

tungs- und Sicherheitsmaßnahmen Ausgaben in der
Höhe von 16 000 Mark an. Ein den früheren Sicher-
heitsbehörden zugehörendes Objekt wurde vom
Innenministerium zurückgefordert, da man für den
zuständigen Minister, Diestel, eine Wohnung benö-
tigte.

92

Seit dem Jahre 1728 wählt die Herrnhuter Brüderge-
meinde in der Oberlausitz (DDR) durch Losent-
scheid aus einem Corpus von 1700 Bibelsprüchen die
Losung für einen späteren Tag. Der Text auf den
1. Juli 1990, Tag der Währungsunion zwischen den
beiden deutschen Staaten, wurde bereits 1987
bestimmt und setzt sich zusammen aus Versen des
alttestamentarischen Buches Samuel sowie solchen
des neutestamentarischen Evangelisten Lukas. Er
lautet: »Der Herr macht arm und macht reich. Wem
viel gegeben ist, bei dem wird man viel suchen; und
wem viel anvertraut ist, von dem wird man um so
mehr fordern.«

93

Daß die bis dahin höchste Banknote der DDR, die,
wie alle anderen Scheine, bei der deutsch-deutschen
Währungsunion am 1. Juli 1990 entwertet und den
Papiermühlen überantwortet wurde, das Portrait-
Bildnis von Karl Marx zeigte, war durchaus auch
symbolisch zu nehmen.

Am 1. Juli 1990, dem Tage der Währungsunion zwischen DDR und Bundesrepublik, sagte ein in der Vergangenheit mehrfach den Verfolgungen des SED-Regimes ausgesetzter Dissident: »Die früheren Zustände im Land kannten bedeutende Aufregungen. Sie kannten Schurken, Opfer und Unrechtshandlungen in großem Stil. Mit dem heutigen Datum ist das vorüber. Was uns nun erwartet, ist die flächendeckende Banalität.«

IV Rote Rüben, schwarze Schafe

Juli bis Spätsommer '90

1

Als im Juli 1990 ein großes privates Geldinstitut aus Westdeutschland seine Ost-Berliner Filiale mit einer Party eröffnete, zeigten sich unter den geladenen und erschienenen Gästen auch die beiden sozialistischen DDR-Autoren Stefan Heym und Heiner Müller. Es war wie eine Antwort auf die von dem Schriftsteller Robert Neumann gestellte Frage: Für welche Bank dichten Sie denn?

2

Weil seit Wochen keine Putzfrau mehr erscheint, müssen die Richter des Stadtbezirksgerichtes Mitte in Ost-Berlin ihre Räume selber säubern, welcher Vorgang sich auch symbolisch nehmen läßt.

3

Ich bin mitverantwortlich«, schrieb der DDR-Oppositionspolitiker Jens Reich im Rückblick auf die alte DDR. »Wir hätten Jahre sparen können, verlorene Jahre unseres Lebens, die wir jetzt beklagen. Der Herbst hat geklärt, daß das Volk nur dann in Ketten bleibt, wenn es sie stillschweigend annimmt. Es ist auch nicht jeder frei, der seiner Ketten spottet. Auch nicht, der seine Ketten im Leidenston kommentiert.«

4

Hauptamtliche Funktionäre des DDR-Gewerk-
schaftsbundes FDGB haben sich noch vor der unmittelbar bevorstehenden Auflösung ihrer Organisation
ihre eigenen Gehälter kräftig erhöht. Nach der Auflösung werden sie eine garantierte Abfindung erhalten, zahlbar aus dem Vermögen des FDGB, das
durch Beitragszahlungen der Mitglieder zustande
kam. Die Berufsfunktionäre waren überwiegend
arrivierte Mitglieder der früheren Staatspartei SED.
Die Höhe der Abfindungen, die sie jetzt erwarten,
errechnen sich aus der Zahl der Arbeitsjahre und
dem monatlichen Verdienst, der um das zwei- bis
dreifache über den Einkommen durchschnittlicher
Arbeitnehmer, ihrer Mitglieder, liegt.

5

Für Stalinisten ist die Unfreiheit Existenzbedin-
gung«, schreibt der sowjetische Autor Tofik Schach-
berdjew, »so, wie sich Kosmonauten im All nicht
ohne Raumanzug und Raumschiff bewegen können.
Würde man ihnen Freiheit geben und die Nabel-
schnur durchschneiden, würde man sie ins Verder-
ben stürzen.«

6

Aus einer in der Ost-Berliner Wochenzeitung Sonntag gedruckten Reportage über die Gemeinde Wahl-
hausen, gelegen im ehemaligen DDR-Grenzgebiet

an der Werra: »Ich frage auch einen Offizier, der im braun-gelb-roten NVA-Trainingsanzug das Blumenrondell vor dem kleinen Neubaublock harkt, ob er jetzt Schwierigkeiten hätte. Auch er versteht die Frage nicht. Für ihn waren die dreißig Jahre Dienst hier in Ordnung – sehe er von ein paar Überspitzungen ab. Sein Auftrag war der Schutz der Staatsgrenze. Jetzt gibt es eben neue Befehle durch den Minister und das ist gut so. Die politische Wende ist für ihn kein Problem. Auch die Zusammenarbeit mit der Bevölkerung sei immer sehr gut gewesen, wenn beispielsweise ein Fahrzeug mit ausländischem Kennzeichen in der Nähe aufgetaucht sei, wäre das immer sofort an die Grenzkompanie gemeldet worden. Nein, wehrt er ab, mit Zuträgerei habe das nichts zu tun, sondern mit Vertrauen.«

7

Briefzitat: »Wenn es ein deutsches Problem gibt, ist es das Problem des kritisch-engagierten Mitläufers.«

8

Der heute 46jährige Bernd Bertram war Offizier der Nationalen Volksarmee. 1972 floh er in den Westen und machte rasch Karriere als Bauunternehmer. Bei einem Wohnbau-Projekt in West-Berlin operierte er mit massiven Bestechungen von Senatsmitarbeitern, was ihm, als es ruchbar wurde, einen Strafprozeß und eine mehrjährige Haftstrafe eintrug. Nach dem Herbst 1989 versuchte er der Stadt Dessau, wo sich, unter anderem, das von Walter Gropius errichtete Bauhaus befindet, einen Verwaltungs- und Geschäftsbau anzudienen, dessen Mittelpunkt ein 129 Meter hoher Turm aus Glas und Beton sein sollte. Bertram war auf diese Stadt verfallen, da hier sein Bruder als Direktor einer Erweiterten Oberschule arbeitete. Das Projekt fand sofort die Zustimmung von Dirk Hoth, dem Stadtbaurat, der diese Funktion seit dem Spätherbst 1989 wahrnahm. Vorher war er Mitarbeiter einer Consulting-Firma gewesen, die im Auftrag und zum wirtschaftlichen Nutzen der SED in Westeuropa Bauprojekte betreute.

9

Zu Recht hat man angemerkt, daß Erich Honecker 16 Millionen Menschen beschäftigen mußte, um so leben zu können wie ein westdeutscher Handwerksmeister, der sechzehn Leute beschäftigt.

10

Über die Gründe für die mangelhafte Wirksamkeit kritischer Künste in der gegenwärtigen DDR belehrt der Ausspruch eines Filmbesuchers: »Ich weiß selbst, was für ein Schaf ich gewesen bin. Zu meinem Martyrium benötige ich keine Modellfigur.«

11

Sie ist von uns gegangen«, schrieb der Artikelschreiber Peter Sahl in einem Nachruf auf das Ende der alten DDR-Währung. »Wir werden uns ihrer aluminiumglänzenden Leichtigkeit, ihrer subventionsfreudigen Unkonvertierbarkeit mit Wehmut erinnern...«

12

Carl-Hans Graf von Hardenberg, Nachfahr des bedeutenden preußischen Reformkanzlers um 1813, gehörte zum Kreis des Widerstands um den Hitler-Attentäter Schenck von Stauffenberg, weswegen er 1944 von der Gestapo verhaftet wurde. Sein Versuch, sich der Festnahme durch Selbstmord zu entziehen, mißlang. Sein Besitz, das Gut Neu-Hardenberg in der Mark Brandenburg, wurde von den Nazis beschlagnahmt. Schwer verwundet, geriet Hardenberg in das Konzentrationslager Sachsenhausen, wo er sich mit Fritz Perlitz anfreundete, einem gebürtigen Märker, einem Kommunisten und ehemaligen Emigranten, er hatte am Spanischen Bürgerkrieg teilgenommen und war im Zusammenhang der Besetzung Frankreichs in den Gewahrsam der Nazis geraten. 1945 werden beide, Hardenberg und Perlitz, aus ihrer KZ-Haft befreit. Anfangs wechseln sie noch freundschaftliche Briefe. Hardenberg wird Landwirtschaftsfachmann bei der brandenburgischen Landesregierung in Potsdam. Perlitz wird Vorsitzender der KPD in seiner Geburtsstadt Fürstenwalde

1945 verliert Hardenberg zum zweitenmal innerhalb von zwei Jahren seinen ererbten Landbesitz, diesmal durch die Bodenreform. Er emigriert daraufhin in die Britische Besatzungszone. Fritz Perlitz wird Chef der SED im Kreise Seelow und betreibt die Umbenennung von Neu-Hardenberg, die »der heutigen politischen Zeit angepaßt und möglichst mit dem Namen eines politischen Vorkämpfers verbunden« sein soll. So kommt es zur Umbenennung in Marxwalde, die, von der Landesregierung beschlossen, am 23. Mai 1949 verkündet wird. Carl-Hans Graf von Hardenberg stirbt 1958 zu Kronberg im Taunus. Fritz Perlitz widmet sich dem Aufbau des Staatssicherheitsdienstes in der DDR, sein letzter Dienstrang ist der eines Majors der NVA. Er stirbt 1972.

13

Ein westdeutscher Kunsthistoriker erregte viel Widerspruch, als er behauptete, das sammlerische Interesse an bildender Kunst aus der DDR geschehe bloß, um heimliche kunstfaschistische Neigungen zu kompensieren. In der sich auflösenden DDR vollzieht sich derzeit ein umgekehrter Vorgang. Nach jahrelanger tätiger Anteilnahme am sozialistischen Realismus verwendet sich der Kustos der Ost-Berliner Nationalgalerie, Papies, nunmehr öffentlich für den Nazi-Bildhauer Arno Breker.

14

Wer radikale Aufklärung nicht will«, sagt der Münchener Journalist Heribert Prantl, »der muß sich mit allen Folgen des Vergessenwerdens abfinden.«

15

Der Volkskammerabgeordnete Konrad Weiß wurde erstmals weiteren Kreisen bekannt, als er, noch zur Zeit der Honecker-DDR, in einer westdeutschen Wochenzeitung sein Plädoyer für die staatliche Einheit der Deutschen drucken ließ. Als Honecker gestürzt war, gehörte er zu den ersten, die den Aufruf »Für unser Land« unterzeichneten, der einem Fortbestand der DDR das Wort redete. Nur kurze Zeit später plädierte er öffentlich wiederum für die Einheit. In dieser Technik, mit größter Überzeugungskraft das völlige Gegenteil des gestern Gesagten zu vertreten, fuhr er immer fort. Am 17. Juni 1990 stellte er in der Volkskammer den Antrag auf sofortigen Beitritt der DDR zum westdeutschen Grundgesetz, den ähnlichen Antrag der Freidemokraten brachte er fünf Wochen später mit seiner Stimme zu Fall. Wegen seiner physiognomischen Ähnlichkeit mit dem amerikanischen Autor-Regisseur Woody Allen sind seinetwegen, der gleichfalls ein Filmemacher ist, die Abwandlungen bekannter Woody-Allen-Filmtitel in Umlauf; für sein öffentliches Auftreten: »Was Sie schon immer über Jux wissen wollten und nicht zu fragen wagten«, für ihn selbst: »Der Polit-Neurotiker«.

16

Der DDR-Bürgerrechtler Grünbein notiert: »Die Gefängnistagebücher des Hitler-Architekten Speer lesend, verstehe ich die Beweggründe des Hitler-Opfers Honecker, aus seiner und unserer Zukunft ein Gefängnis zu machen. Ich verstehe und bin vom Nutzen und Nachteil der Geschichte bedient.«

17

Sommer 1990 wurde dem Schatzmeister der ehemaligen Staatspartei SED in der DDR ein Prozeß gemacht. Bei seiner Eröffnung lehnte die Verteidigung sämtliche Richter und Schöffen wegen Befangenheit ab. Begründung: Sie seien aus manipulierten Wahlen hervorgegangen. Zu jenen, die für die Manipulationen verantwortlich waren und denen deswegen jetzt der Prozeß gemacht wurde, gehörte der Angeklagte. Die Richter sahen das Argument der Verteidigung ein und schlossen, zwei Minuten nachdem sie eröffnet worden war, die Verhandlung.

18

Wenn von Völkern oder einer großen Menge gesündigt wird, so pflegt dies ungesühnt durchzugehen, da wegen der großen Zahl nicht gegen alle vorgegangen werden kann.« Diese einsichtsvolle Beobachtung, deren Wahrheitsgehalt sich derzeit in der DDR erweist, wurde bereits im Dezember des Jahres 414 geäußert, durch Papst Innozenz I.

19

Das Dilemma der sanftmütigen Revolution: Sie will nur den eigenen Sieg, nicht die Niederlage des Feindes. Solche Siege gibt es nicht.« Notiert der Kolumnist Johannes Gross. Man kann es auch anders sagen: Zur Revolution gehört die Gewalt, sanftmütige Revolutionen gibt es nicht.

20

Das DDR-Außenministerium am Berliner Marx-Engels-Platz hatte nach den Wahlen vom 18. März gänzlich jede Bedeutung verloren und wurde statt dessen zum festen Besitzstand zweier umfänglicher Sippen, der Meckels und derer von Braunmühl. In der Bevölkerung kam daraufhin der Vorschlag auf, neben dem Gebäudeeingang ein Schild zu befestigen mit der Aufschrift: »Hier können Familien Genscher spielen.«

21

Aus einer Reportage über das Ende des Kupferbergbaus in Mansfeld: »Schon vor der politischen Wende in der DDR war klar, daß der Bergbau längst den Anschluß ans vielbeschworene Weltniveau verloren hatte. Während eine Tonne Kupfer an den internationalen Rohstoffmärkten mit rund 5000 Mark gehandelt hat, kostete die Produktion in Mansfeld das Zehnfache... So gehört es denn auch zu den realsozialistischen Rechenkunststücken, daß der

Betrieb bis zuletzt einen Gewinn auswies. Der staatliche Subventionsbetrag pro Tonne Kupfer wurde um eine bestimmte Summe heraufgesetzt, die das Kombinat als Gewinn an das Schwerindustrie-Ministerium zurücküberwies. Nach Produktivität und Rentabilität fragten die SED-Bürokraten nicht. Entscheidend war, daß der Plan erfüllt wurde.«

22

Brandenburg gehört zu jenen fünf Städten, deren historische Innenstädte Bonns Bauministerin Gerda Hasselfeldt zur Rettung auserwählt hat«, heißt es in einer Zeitungsreportage. »Generös hatte die Ministerin, mitten im Volkskammerwahlkampf, fünfzig Millionen Mark für dieses Jahr zugesagt... DDR-Betriebe waren nicht in der Lage, derart kurzfristig Material zu liefern und mit der Arbeit zu beginnen... In der Not orderte man Dachpfannen aus dem Westen und die Bauarbeiter gleich dazu. Die arbeiteten zwar für den fünfzehnfachen Stundenlohn, aber immerhin, die Bonner Planvorgabe war erfüllt. Inzwischen ist das Geld verpraßt, die Bauarbeiter sind wieder daheim im Westen, und die Dachziegel liegen wie Denkmäler eines Schildbürgerstreiches überall in der Stadt herum.«

23

Für die wirtschaftlichen Zustände der DDR kennzeichend ist das Schicksal der im vogtländischen Rei-

chenbach ansässigen Streichgarnspinnerei, deren
erste bedeutende Einnahme nach Inkrafttreten der
Währungsunion mit der Bundesrepublik zustande
kam durch zwei bis dahin in ihrem Betrieb befindli-
che Maschinen des Baujahres 1905. Sie wurden von
einem westdeutschen Industriemuseum angekauft.

24

In der ersten Hälfte des Jahres 1990 gab es auf dem
Territorium der DDR so viele Verkehrstote wie während des gesamten Jahres 1989. Es wurden in dieser
Zeit auf den Straßen damit mehr Menschen getötet
als in der gesamten Zeit ihres Bestehens an den befe-
stigten Staatsgrenzen der DDR zu Westdeutschland
und West-Berlin.

25

Über die Art der DDR-Interessenvertretung, die der
Ost-Berliner   Chefunterhändler,   Staatssekretär
Krause, beim Aushandeln des zweiten Staatsvertra-
ges zwischen Bundesrepublik und DDR betrieb,
behaupteten Bonner Ministeriale, die es wissen
mußten, hierbei verhandle die westdeutsche Regierung mit sich selbst.

26

Als, nach Eintritt in die Währungsunion mit der
Bundesrepublik Deutschland, auf dem Gebiet der

DDR der erste große Banküberfall geschehen war, mit einer Beutesumme von 200 000 D-Mark, erinnerte man sich wehmütig der früheren Zustände, wo es, wie man zu sagen pflegte, Raubzüge auf Kreditinstitute nie gegeben hatte, weil man auf das Eintreffen des Fluchtwagens schließlich fünfzehn Jahre warten mußte.

27

Revolutionen in Deutschland: In Leipzig lebte ein Mann, der seine eigene Mutter nackt, die Füße nach oben, an einen Fleischerhaken gehängt und so förmlich geschlachtet hatte. Er wurde festgenommen, vor Gericht gestellt und zu einer lebenslänglichen Freiheitsstrafe verurteilt. Im Sommer 1990 erklomm er, als Anführer mehrerer Gleichgesinnter, das Dach des Leipziger Gefängnisses und forderte seine Freilassung. Er sei zu Unrecht, weil von einem Unrechtsregime, verurteilt worden.

28

Ihre hervorragende Funktion als Deponie für nationale Problemfälle erweist die alte DDR-Staatssicherheitsbehörde nunmehr auch in angrenzenden Ländern, wenn Freya Barschel, Witwe des früheren CDU-Ministerpräsidenten von Schleswig-Holstein, in einem der Öffentlichkeit bekannt gemachten Brief behauptet, ihr Mann sei von Angehörigen der früheren Mielke-Behörde ermordet worden.

29

Ich bin überzeugt«, sagte im Spätsommer 1990 ein Leipziger Polizist, »daß die Umstellung auf den neuen Staat Leuten wie mir leichter fällt als den Menschen, die im Herbst die Revolution gemacht haben. Diese Menschen werden auch in Zukunft nur Außenseiter bleiben.«

30

Für den Stil der Entscheidungsfindung, den die letzte DDR-Regierung pflegte, spricht die folgende Episode, die von einem ihrer hervorragenden Repräsentanten berichtet wird. Es handelt sich um Günther Krause, Staatssekretär, CDU-Fraktionsvorsitzender und Chefunterhändler der DDR für die Staatsverträge im Hinblick auf das einheitliche Deutschland. Als vielbeschäftigter Mensch häufiger Insasse eines Dienstflugzeuges der Regierung, der er angehört, las er, während der Rückkehr von einer Verhandlungsrunde in Bonn, in einer Agenturmeldung, daß infolge der Golfkrise der Barrelpreis für Rohöl innerhalb weniger Wochen von 17,50 auf 32 Dollar gestiegen sei. Er orderte den Flugkapitän zu sich und fragte: »Wie hoch sind die Treibstoffkosten unserer Maschine?« Er bekam zu Antwort: »Durchschnittlich 6000 D-Mark, Herr Staatssekretär.« Krause gab daraufhin die Weisung: »Fliegen Sie schneller, Herr Kapitän. Wir müssen sparen.«

31

Die zum 1. September 1990 unter der Verantwortung eines Bildungsministers im Kabinett de Maizière neu ausgelieferten Fibeln für die Schulen der DDR stellen ihre Benutzer vor die schwierigsten Probleme. Nachdem sie die inzwischen aufgelöste Jugendorganisation Junge Pioniere, die Politiker W. I. Lenin, Ernst Thälmann und Wilhelm Pieck ausführlich gerühmt haben, wird etwa von den Schülern der zweiten Grundschulklasse verlangt: »Beschreibe die Fahne unserer Republik! Erkläre, was die Zeichen des Staatswappens bedeuten! Zu welchen Anlässen schmücken wir unsere Wohnhäuser, Betriebe und Schulen mit der Fahne unserer Republik?« Die Bedeutung des Bundes-Adlers zu benennen, dürfte selbst vielen deutschen Erwachsenen Mühe bereiten. Eine andere Aufgabe lautet: »Erzähle, was du über die Freundschaft unserer Armee mit den Armeen unserer sozialistischen Bruderländer weißt!« Hierauf wird nicht einmal der Dienstherr dieser Armee, der Bundesverteidigungsminister, eine befriedigende Antwort wissen.

32

Ein Alt-Kommunist aus der DDR, der unter Ulbrichts Herrschaft jahrelang aus politischen Gründen inhaftiert und nach dem Ende der SED-Herrschaft rehabilitiert worden war, hielt vor einem größeren Gremium eine Rede, in der er sein früheres Schicksal erwähnte und sein unerschütterliches

Bekenntnis zu seinen kommunistischen Überzeugungen hervorhob. Ein Zuhörer merkte leise an: »Der Mann hat sich damals ja selbst verhaftet.«

33

Bei Instandsetzungsarbeiten wurde, eher zufällig, ein Geheimgang entdeckt. Er begann im Zentrum der Republik, dem Palast, und führte unterirdisch durch größere Gebiete der Hauptstadt. Sein Zweck war es, den Herrschenden die Möglichkeiten zur Flucht, mehr noch zur heimlichen Überwachung der Bevölkerung zu geben. Die Anlage, üblicherweise »heimliches Auge« genannt, war das Werk eines wenig erfolgreichen Architekten, der sich dem bedingungslosen Dienst an der Macht verschrieben hatte und nebenher dem Lebensweg berühmterer Künstler auf der Spur war: Giorgio Vasari. Er baute die Anlage im Jahr 1565 im Florenz der Medici.

34

Eine Gruppe ehemaliger SED-Mitglieder, die wegen ihres heftigen Engagements für die alte Staatsmacht ihrer früheren Stellungen verlustig gegangen sind, hat eine landesweite Aktion gegen Berufsverbote, Gesinnungsschnüffelei, gegen »menschenverachtende« Überprüfungsmaßnahmen und das damit verbundene »schreiende Unrecht« veranstaltet.

35

Für die politische Raison in den postkommunistischen Ländern Europas spricht das Ergebnis einer demoskopischen Umfrage in der Tschechoslowakei, wonach sich 87 Prozent der Befragten für ein System der freien Marktwirtschaft aussprachen und 85 Prozent für eine sozialistische Planwirtschaft.

36

Ein etwa fünfzigjähriger Ukrainer sagte in Kiew zu einem Deutschen: »Unser Kommunismus und euer Faschismus sind die gleiche Seuche. Ihr habt sie nur loswerden können, bevor sie euch so weit zerstört hat wie uns.«

37

In einem Reisehandbuch aus dem Jahre 1936 stehen die folgenden Sätze: »Die Stadt Chemnitz hat im Kampf um die nationalsozialistische Erhebung Großes geleistet und zahlreiche Blutopfer gebracht. Heute künden eine Reihe von Straßenbezeichnungen die Namen der Helden, die für ihren geliebten Führer und das große deutsche Vaterland fielen. Bald schon hatte sich die Stadt den Ehrentitel ›Des Führers treueste Stadt‹ erworben, und als das deutsche Morgenrot, mit ungeheurem Jubel in Chemnitz begrüßt, aufging, da war es diese Stadt der Arbeit, die unmittelbar als erste Stadt Deutschlands den Führer zum Ehrenbürger von Chemnitz ausrief.«

Angesichts der hier geschilderten Tatsachen ist es verständlich, wenn Chemnitz seine Umbenennung in Karl-Marx-Stadt, die im Jahre 1953 verordnet worden war, 1990 wieder rückgängig machte. Sie hatte diesen Namen nicht verdient.

38

Das Neue Deutschland, Tageszeitung der SED-Nachfolgeorganisation PDS, veröffentlicht seit neuestem Kontaktanzeigen für den Heiratsmarkt. Gesucht werden Partner, die »klug, also links« sind, denen »nicht nur das Herz links schlägt« und die »die Zukunft mit links angehen möchten«. Man will eine »liebevolle Genossin« kennenlernen, »Wiedervereinigungsgegner«, die sich außer für die Ehe »auch für die PDS« engagieren. Wie schon in ihrer Vergangenheit, es ist dies zugleich eine der Ursachen ihres Niedergangs, vermehren sich die deutschen Kommunisten durch Inzucht.

39

Der russische Politiker Stepan Sulakschin sagte: »Die Verbrechen der NSDAP sind bescheiden im Vergleich zu denen der KPdSU.«

40

Wie überaus verdient der politisch-ökonomische Untergang der DDR war, erhellt unter anderem aus

zwei in diesem Lande gemachten und zur Anmel-
dung gebrachten Patenten, die der Praxis der sozialistischen Schokoladenindustrie dienten. Sie sind
nachlesbar in der Patentschrift DD 245 355 A1: Verfahren zur Gewinnung eines Kakaopulversubstitutes
aus Getreidekeimen und deren thermische Reaktion
mit Zucker, sowie in der Patentschrift DD
226 763 A1: Verfahren zur Herstellung eines kakao-
ähnlichen Produktes aus einheimischen roten
Rüben.

41

Während die Regierungspartei CDU, in der Gestalt
ihrer Sozialausschüsse, das Vorgehen der westdeutschen Pharmaindustrie auf dem Territorium der
früheren DDR kritisiert und als »Abkassieren« emp-
findet, lobt es TV-Darsteller Manfred Krug in groß-
formatigen Zeitungsanzeigen: »Ich finde es gut...«
Er beruft sich auf seine persönlichen Erfahrungen in
der DDR. Auch seine Auftraggeber behaupten, Krug
sei »sehr glaubwürdig« und besitze »eine besonders
hohe Akzeptanz in der Bevölkerung«. Seine Popularität in der DDR hatte sich Krug vor allem durch die
überzeugende künstlerische Darstellung von SED-
Parteisekretären erworben.

42

Zitat: »Auf den Sesselchen der Interhotels bei Spe-
sensätzen zwischen 280 und 465 Mark die Nacht

sind sie ja unter sich, die Glücksritter und Geschäfte-
macher, wenn sie über ihre doofen Kunden schwa-
dronieren und beim Whisky pur einander zupro-
sten, den Ossis könne man ›mit Glasperlen noch
mehr Freude machen als den Negern im Kongo‹«.

43

Ich hasse euch«, sagte im September 1990 ein DDR-
Volkspolizist zu protestierenden Bürgerrechtlern.
»Ihr seid schuld, daß hier alles anders gekommen ist.
Und wenn ich jetzt den Befehl dazu kriege, schlage
ich euch kaputt. Ich habe Familie.«

44

Ein von der DDR-Volkskammer beschlossenes, seit
15. Juli 1990 in Kraft befindliches Gesetz enthält die
Bestimmung, alle Anwärter auf das Richteramt in
den Ländern der ehemaligen DDR durch Wahlaus-
schüsse überprüfen zu lassen. Den Ausschüssen sollen außer gewählten Parlamentariern auch Richter
angehören. Das Verfahren erwies sich als schwierig,
da fast die Hälfte aller für die Bildung der Aus-
schüsse benannten Richter ihrerseits als politisch
belastet gelten müssen.

45

Zitat: »Beim näheren Hinsehen erweist sich das
milde Wort, wonach nun zusammenwachse, was zu-

sammengehört, als Politikerschmus. Vielmehr knallt zusammen, was besser Bandagen angelegt hätte.«

46

Die alte DDR des Erich Honecker brüstete sich damit, daß sie die Kriminalisierung der Homosexualität gänzlich abgeschafft habe. Gleichwohl wurden die Angehörigen des entsprechenden Milieus durch Angehörige der Behörden für innere Sicherheit ständig überwacht. Als im Ost-Berliner Stadtbezirk Prenzlauer Berg ein homosexueller Mann ermordet worden war, sah sich ein Zeuge zur polizeilichen Vernehmung gebeten, der den Toten überhaupt nicht gekannt hatte und dem, als er nach den Gründen für seine Einvernahme fragte, von seinen Vernehmern mitgeteilt wurde, er sei schließlich gleichfalls homosexuell, was man auch wisse. Nicht ohne Selbstgefälligkeit wurden daraufhin dicke Mappen vorgewiesen, in denen, wie sich erkennen ließ, sämtliche Homosexuelle des Bezirks personell erfaßt waren. Ein Wissenschaftler an der Berliner Humboldt-Universität, Fehr, der mit einer Arbeit über kriminelle Randgruppen promovierte, durfte das Gesamtsystem der polizeilichen Bespitzelungen des homosexuellen Milieus wissenschaftlich darstellen, seine Arbeit war Interessierten zugänglich. Der Ost-Berliner Stadtrat für Inneres, Hoffmann, Stellvertreter des Oberbürgermeisters, sagte bei einer Dienstberatung: »Homosexuelle sind kriminalitätsverdächtig und in ihren Handlungen begünstigend für die Asozialität.« Im Bezirk Prenzlauer Berg wurden 849 Personen, 225 Wohnungen in elf Straßen, Treffpunkte, Kneipen und Toiletten überwacht. Einzelne Personen wurden selbst noch bei ihren Reisen ins Ausland observiert. Als ein Zentrum der entsprechenden Nachforschungen, genannt »Informationsabschürfung«, diente die Hautklinik des Klinikums Berlin-Buch. Einzelne Ärzte führten als Wissenschaftler getarnte Kriminalpolizisten bei ihren Patienten ein. Die gesamte sogenannte Schwulenkartei Ost-Berlins umfaßt schließlich etwa 4000 Namen, daneben wurde eine Sammlung von Fingerabdrücken und Geruchsproben angelegt. Der Wissenschaftler Fehr lehrt und forscht weiterhin an der Humboldt-Universität. Auch die Ärzte der Hautklinik gehen ihrer gewohnten Arbeit nach. Sämtliche Unterlagen über das homosexuelle Milieu in Ost-Berlin wurden mit dem 3. Oktober 1990 an westdeutsche Behörden überstellt.

47

Der hehre Vorsatz der Volkskammerabgeordneten, vor laufenden Fernsehkameras der Noch-DDR ein Vorbild für einen ehrlichen Umgang mit der eigenen Vergangenheit zu liefern, war fehlgeschlagen«, schrieb ein Wochenblatt. »Niemand hat Beweise, keiner weiß etwas Genaues – aber jeder traut jedem fast alles zu. Auf die Dauer läßt sich so kein Staat machen, selbst, wenn man es wollte.«

48

Ausspruch eines früheren Stasi-Mannes: »Wir hatten mehr Angst vor dem Volk, als das Volk vor uns haben mußte.«

49

Im Wunschkonzert eines deutschen Radiosenders wurden im September 1990 Gratulationsworte von Freunden und Verwandten verlesen für einen Jubilar namens Erich Mielke, woran sich der Wunsch anschloß, das Geburtstagskind wolle sich seines Namens wegen doch bitte nicht grämen.

50

Zitat: »Mit der Revolution von 1989 ist nicht nur das Lügen-Monopol der Kommunisten, sondern auch das Wahrheits-Monopol der Dissidenten entfallen.«

51

In der Leipziger Thomas-Kirche hängt ein Brett, wo jedermann auf einem Zettel seine Fürbitte anheften kann. Im Oktober 1989 hingt dort die Aufforderung: »Betet, daß kein Blut fließen wird.« Im Oktober 1990 hing dort: »Laß mich schnell Arbeit finden.«

52

Sgrafitto in Ost-Berlin: »Auch die Linke braucht Pinke.«

53

Ausspruch eines Bewohners der früheren DDR: »Jene Deutschen, die nicht hier gelebt haben, sollen uns nicht erzählen, wie sie hier gelebt hätten.«

54

Zitat aus Osteuropa: »Die Freiheit ist eben viel grauer als der Traum von ihr.«

55

Nach einer häufig kolportierten Mitteilung zahlt die Bundesregierung für jeden Pkw vom DDR-Typ Trabant, der – mit Inhalt – verschrottet wird, 1500 Mark.

56

Zwei aus dem Territorium der DDR stammende Leute stehen nebeneinander inmitten einer wartenden Menge vor der Tür eines West-Berliner Discountmarkts. Einer der beiden schimpft: »Is doch genau wie früher bei uns. Zum Schlangestehen sind wir eigentlich nich rübergekommen.« Es dreht sich ein vor ihnen stehender Türke um und sagt tadelnd: »Wir euch nix gerufen.«

57

Es wurde zu Recht befunden, daß mit dem Ende der DDR eigentlich die von den Vätern des Marxismus verheißene höchste Stufe des Sozialismus erreicht sei: Der Staat habe sich aufgelöst, und es gebe keine Arbeit mehr.

58

Ausspruch des Schriftstellers Friedrich Dürrenmatt zur staatlichen Einheit der Deutschen: »Der Schweizer darf sich wieder fürchten.«

59

Uwe Ibendorf studierte Jus an der Ost-Berliner Humboldt-Universität und wechselte anschließend zur Parteihochschule »Karl Marx« der SED. Ibendorf erklärte sich damals mit dem politischen System der DDR völlig einverstanden. »Ich war überzeugt«, sagte er später, »daß es den Menschen etwas bringt.« Er glaubte, »dem gerechtesten System der Welt zu dienen.« Er wurde Strafrichter. 1982 verurteilte er einen Jugendlichen, der die Parole »Weg mit SS-20« an eine Wand geschrieben hatte, zu zehn Monaten Haft. Er nahm regelmäßig teil an Sechs-Wochen-Lehrgängen im Justizministerium und im Obersten Gericht der DDR. 1988 wurde er Oberrichter für Strafrecht am Bezirksgericht Schwerin, im Jahr darauf wurde er stellvertretender Gerichtspräsident. Er pflege das Image eines dynamischen, vielbeschäftigten Aufsteigers und verbreite viel Optimismus, heißt es über ihn, er habe keine Sorge, daß die Herbst-Revolution von 1989 einen Knick in seiner Biographie bedeute. Die Leistung sei ausschlaggebend, sagt er selbstbewußt. Im Januar 1990 ist er, mit 34 Jahren, Präsident des Bezirksgerichts geworden.

60

Zitat: »Die DDR verschwindet nicht mit einem Schlag, sie löst sich langsam auf in Absurdität und Anarchie.«

61

Die Wiedervereinigung«, schrieb die französische Zeitung Libération, »war für die Menschen der DDR der kürzeste Weg, um einen Trabant gegen einen Golf einzutauschen, ohne die Heimatstadt verlassen zu müssen.«

62

Zitat: »Zu befürchten ist, daß ausgerechnet das fatalste Produkt der DDR-Kultur nun auch im vereinigten Deutschland Furore macht: der Deutsche mit dem guten Gewissen.«

63

Bei einer öffentlichen Podiumsdiskussion aus Anlaß des Beitritts der DDR zur Bundesrepublik Deutschland sagte Jens Reich, Abgeordneter der letzten und soeben aufgelösten Volkskammer, die Veränderungen des Landes im Herbst 1989 seien ein Wechsel der Chamäleonfarben gewesen, ein Abendspaziergang am Leipziger Stadtrand, und man habe nur auf dem Kamm blasen müssen, schon seit die Mauer umgefallen.

64

Der frühere SED-Bürgermeister von Leipzig, Rolf Opitz, wurde von einem Mitarbeiter der SED-Bezirksleitung, Armin Rieker, bei dem nach den Herbstereignissen von 1989 gebildeten Bürgerkomitee schwer belastet. Der Sprecher des Bürgerkomitees gab seine Informationen weiter an die Leipziger Kriminalpolizei, deren Chef, Lothar Richter, den beschuldigten Opitz verhaften ließ. Die Kriminalpolizei gab den Fall weiter an die Staatsanwaltschaft, deren Leiter Karl Munkwitz hieß. Es wurde Anklage erhoben. In einem vielbeachteten Prozeß, dessen Vorsitz der stellvertretende Präsident des Bezirksgerichtes Leipzig Hans-Dieter Fritzsche übernommen hatte, wurde Opitz für schuldig befunden und zu einem Jahr Freiheitsstrafe, ausgesetzt zur Bewährung, verurteilt. Inzwischen hat sich durch Überprüfung der entsprechenden Mitarbeiter-Karteien erwiesen, daß Bezirksleitungsmitglied Rieker, der Sprecher des Bürgerkomitees, der Leiter der Kriminalpolizei, der Leiter der Staatsanwaltschaft wie auch der vorsitzende Richter allesamt enge Mit-

arbeiter der Staatssicherheitsbehörde gewesen
waren. Führungsoffizier des stellvertretenden Ge-
richtspräsidenten Fritzsche war Major Strenger
gewesen. Ehemann von Fritzsches unmittelbarer
Vorgesetzten, der Gerichtspräsidentin Ute Strenger.

65

Ein Offizier des früheren Ministeriums für Staatssicherheit sagte, nachdem die Stasi-Tätigkeit verschiedener Mitglieder der Regierung Lothar de Mai-
zières ruchbar geworden war, voller Befriedigung:
»Wenn nach der Wahl sogar Minister darunter
waren, zeigt sich doch, daß wir die richtigen Leute
angeworben haben.«

66

Ein ehemals hoher Staatssicherheitsfunktionär
wünscht sich eine vollständige Überführung der gesamten Archivunterlagen seines Ministeriums in
die Obhut des Bundesnachrichtendienstes. »Beim
BND wären die Daten sicher«, sagt er zur Begründung. »Geheimdienste halten das geheim.«

67

Zitat: »Daß nicht nur ein Buch von Christa Wolf,
sondern nun auch noch zwei ostdeutsche Theater-
inszenierungen von westdeutschen Kritikern verris-
sen worden waren, deutete man als weiteres Zeichen

dafür, daß nun alles Intellektuelle systematisch ›niedergemacht‹ werde.«

68

Aus dem Terminkalender eines in Ost-Berlin akkreditierten Korrespondenten für das Jahr 1985: 11.1.: Johannes Rau bei Honecker. – 14. 2.: Helmut Schmidt bei Honecker. – 6. 6.: Herbert Wehner bei Honecker. – 1. 9.: Franz-Josef Strauß bei Honecker. – 19. 9.: Willy Brandt bei Honecker. – 23. 9.: Berthold Beitz bei Honecker. – 13. 11.: Oskar Lafontaine bei Honecker. – Für das Jahr 1989: 31. 1. : Björn Engholm bei Honecker. – 23. 2.: Lothar Späth bei Honecker. – 25. 5.: Hans-Jochen Vogel bei Honecker. – 19.6. : Walter Momper bei Honecker. – 4. 7.: Rudolf Seiters bei Honecker. – 8. 7.: Honecker krank.

69

Bei den Berliner Demonstrationen des 2. Oktober 1990 wurde ein Transparent gezeigt mit der Aufschrift: »Danke, Helmut Kohl, daß du dem deutschen Volk eine Revolution geschenkt hast!« Wenn man lange genug über diesen Ausspruch nachdenkt, beginnt er wahrhaftig zu werden.

70

Der Österreicher Günther Nenning schrieb: »Laßt uns weinen, liebe Mitsozialisten, keine Rede vom letzten Gefecht, die Kraft reicht nicht einmal zu einem ersten.«

ERICH LOEST

**Die Stasi war mein Eckermann
oder: mein Leben mit der Wanze**

160 Seiten, Taschenbuch, 12,80 DM
Steidl Verlag · Göttingen

*

Erich Loest hatte schon sieben Jahre
Zuchthaus hinter sich, als er Mitte der
siebziger Jahre beschloß, sich nicht mehr
der Zensur der DDR zu beugen. Das rief
die Stasi auf den Plan. Nach den Novem-
berereignissen des Jahres 1989 wurden
Loest während eines Besuchs in Leipzig
von ehemaligen Mitarbeiterinnen der
Staatssicherheit dreihundert Blatt Akten-
kopien angeboten. Sie erwiesen sich als
echt. Viele Wanzenberichte waren dabei,
die jedes Wort festhielten, das im Hause
Loest gesprochen wurde. Die Geheim-
dossiers haben ein bitteres Echo und lehren das Gruseln. Und es sind nicht nur
anonyme Geheimdienstler, die den Bür-
ger ausspähen. Die Dokumente zeigen
auch, wie bereitwillig Kollegen, Freunde
und Politiker »Informationen« ablieferten,
ten, um sich als Gegenleistung kleine Vor-
teile zu verschaffen.

Kostenloses Gesamtverzeichnis
anfordern bei:

Steidl

Düstere Str. 4 · D-3400 Göttingen

CLAUS LEGGEWIE

Nachgetragenes Mitleid

Essays
80 Seiten, Taschenbuch, 9,80 DM
Steidl Verlag · Göttingen

*

In drei historisch-aktuellen Essays löst
sich Leggewie aus der Verkrampfung
deutscher Vergangenheitsbewältigung.
Er untersucht die verhängnisvolle Rolle
der Judenräte, die den Nazis die Opfer
vorsortierten und in die Hände spielten.
Er erinnert an die gläubigen deutschen
Sozialisten, an die Intellektuellen und
Künstler, die vor Hitlers Terror in die
Sowjetunion flüchteten – und dort in den
Lagern des NKWD verschwanden. Und
er greift eine Entwicklung in der heutigen UdSSR auf: »Die Russen bereuen«,
war jüngst eine Kolumne in einer großen
Tageszeitung überschrieben. Die Reue
der Sieger gilt den russischen Kriegs-
verbrechen, begangen an Soldaten, an
Flüchtlingen, an Frauen. Jetzt, da die
Schlachtordnung des Kalten Krieges
zerfällt, werden Annäherungen an die
Menschlichkeit möglich.

Kostenloses Gesamtverzeichnis
anfordern bei:

Steidl

Düstere Str. 4 · D-3400 Göttingen